ÉTUDE

SUR L'EMPLOI DES

CAMPS RETRANCHÉS

DANS LA DÉFENSE DES ÉTATS

EN 1859,

PAR

Armand de FOUCAULD,

CAPITAINE AU PREMIER RÉGIMENT DU GÉNIE.

METZ

TYPOGRAPHIE DE JULES VERRONNAIS.

MDCCCLIX

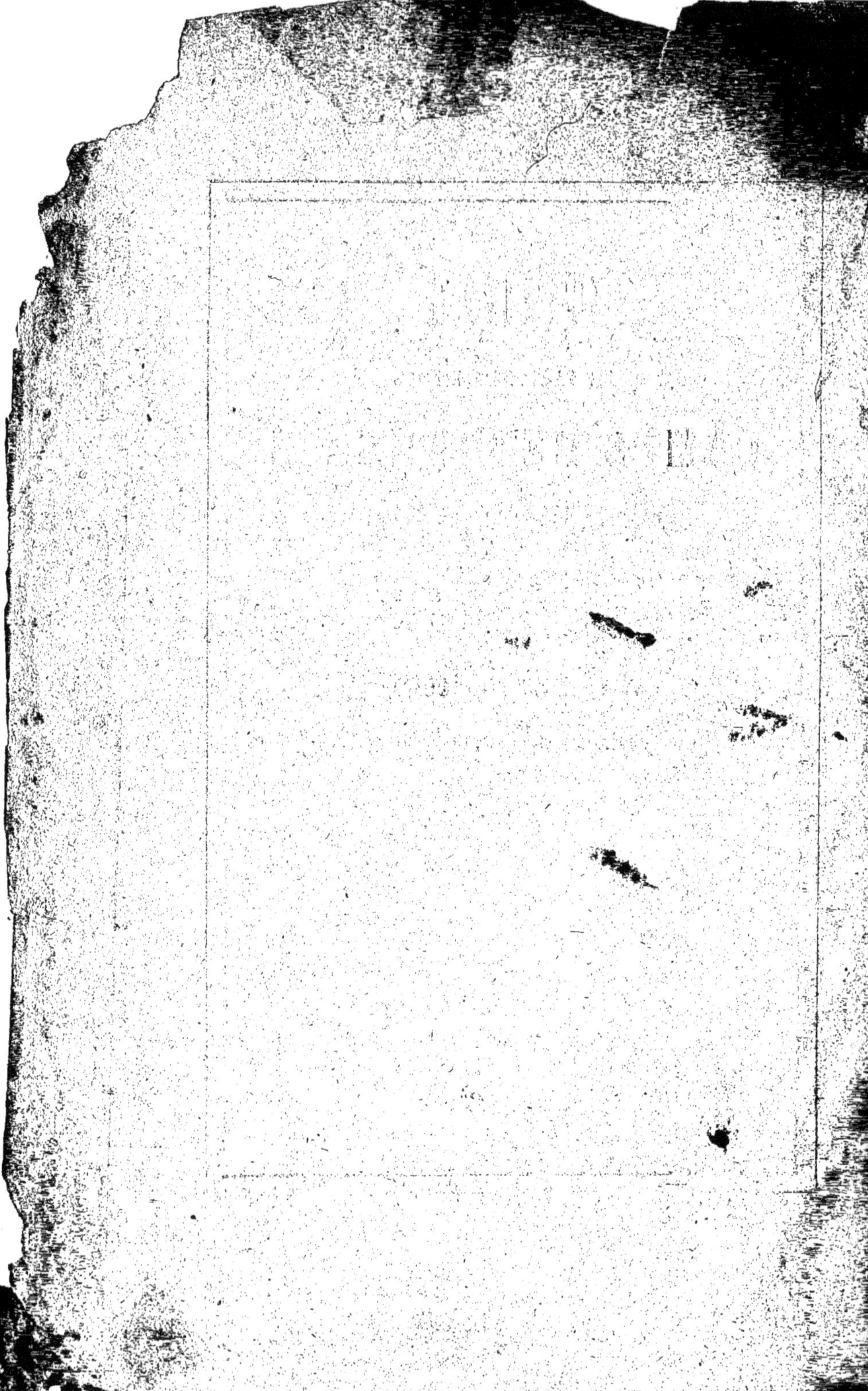

ÉTUDE

SUR

L'EMPLOI DES CAMPS RETRANCHÉS

DANS LA DÉFENSE DES ÉTATS

EN 1859

ÉTUDE

SUR L'EMPLOI DES

CAMPS RETRANCHÉS

DANS LA DÉFENSE DES ÉTATS

EN 1859

PAR

Armand DE FOUCAULD

CAPITAINE AU PREMIER RÉGIMENT DU GÉNIE.

METZ

TYPOGRAPHIE DE JULES VERRONNAIS.

MDCCCLIX

Officiers et soldats ont de la répugnance à manier la pioche et la pelle; il font donc écho et répètent à l'envi : les fortifications de campagne sont plus nuisibles qu'utiles, il n'en faut pas construire; la victoire est à celui qui marche, avance, manœuvre; il ne faut pas travailler; la guerre n'impose-t-elle pas assez de fatigues ? Discours flatteurs et cependant méprisables...

(NAPOLÉON, *Mémoires de Sainte-Hélène*, 2me Partie, *Mélanges.)*

Il fallait occuper sur lés hauteurs de Gênes un camp retranché, menaçant l'Italie; en appuyer les flancs à deux forts de campagne, en couvrir le front par des redoutes et une centaine de pièces de c non, non attelées indépendamment de l'équipage de campagne; enfin, tenir une réserve en garnison à Gênes. Une armée française de 30,000 hommes, commandée par Masséna, placée dans cette formidable position, n'aurait pu être forcée par une armée de 60,000 Autrichiens.

(NAPOLÉON, *Mémoires de Sainte-Hélène*, 1re Partie, *Remarques critiques.)*

SOMMAIRE.

ÉTUDE

SUR

L'EMPLOI DES CAMPS RETRANCHÉS.

DU PERFECTIONNEMENT DES MOYENS D'ATTAQUE ET DE DÉFENSE

ET DES MODIFICATIONS QU'ILS PEUVENT APPORTER DANS L'ART DE LA GUERRE.

Les guerres encore récentes, qui firent ressortir tous les perfectionnements apportés par l'industrie dans la balance des forces des Etats, ont prouvé jusqu'à l'évidence que les découvertes de ce siècle ont beaucoup modifié les moyens et les points d'attaque et de défense des diverses nations. La Russie a été vaincue par la vapeur et l'électricité sur le point qu'elle croyait le plus invulnérable. L'Autriche, surprise par la rapidité des communications qui permet à une armée formidable d'envahir son territoire, abandonne bientôt la lutte et se hâte d'accepter la paix, offerte par un ennemi généreux. La Chine, si confiante dans la barrière qu'opposait autrefois l'immense fossé des mers, reconnaissant son impuissance, avait ouvert ses ports et son territoire à une poignée de barbares qui lui apportent la civilisation. Ces faits à jamais mémorables dans l'histoire qui inaugurent le règne du successeur des Napoléon, ont du faire méditer les esprits les plus sérieux sur l'influence certaine que ces agents nouveaux doivent exercer de nos jours sur les opérations de la guerre.

En reportant ses pensées au moment remarquable de l'exposition universelle, on ne peut se dissimuler que tout militaire a du éprouver un sentiment d'étonnement à la vue de ces machines nouvelles labourant, tissant, modelant, martelant ou rabotant le fer, de n'en rencontrer aucune qui pût constituer un engin de guerre effrayant, d'une application certaine, facile et destructive au suprême degré. Depuis cette époque, encore si rapprochée de nous, les canons rayés sont apparus, jetant l'épouvante par leur précision et leur portée dans les rangs ennemis de la plaine de Solferino : ils semblent destinés à modifier peut-être complétement les principes de la tactique et de l'art de fortifier. Il en fut ainsi autrefois de la poudre : considérée d'abord comme une invention éphémère, dont la combustion et la détonation glacèrent d'effroi son inventeur, elle anéantit pour ainsi dire l'empire de la force physique et changea le système des fortifications. N'oublions pas aussi aujourd'hui que les cruelles rêveries d'un assassin, suivies d'une réalité trop déplorable, nous ont révélé que le volume des projectiles peut être un jour beaucoup diminué et produire cependant des effets plus meurtriers que ceux employés jusqu'à ce jour. La machine seule, qui doit être le bras de fer destiné à les lancer dans un temps très-court par milliers, nous est encore inconnue : encore quelques lustres, quelques années peut-être, et de nouveaux moteurs, réduits aussi à de très-petits volumes, pourront remplacer avec efficacité et moins de danger peut-être nos batteries actuelles.

L'électricité a déjà fait son apparition dans les rangs de l'armée de terre et de mer : sur terre, elle met aujourd'hui le feu simultanément à des mines situées à de grandes distances avec une précision, une rapidité et une certitude remarquables; sur mer, elle peut porter également le feu aux bouées ou produire sous l'eau, comme à Cherbourg, des effets qui peuvent être désastreux pour une flotte envahissante. Bientôt aussi peut-être, sa puissance augmentant, nous permettra de lancer une grande quantité de projectiles dans une place; les villes fortifiées deviendront inhabitables : on reconnaîtra la nécessité de construire des abris voûtés pour protéger les défenseurs et d'isoler les centres de défense de toute habitation. Alors surtout on appréciera mieux la création des camps retranchés où quelques bâtiments seuls pourront être le point de mire de ces nouvelles et terribles batteries, où bien enfin on sera forcé de construire des villes comme était Sarragosse, composées de maisons ayant des murs fort épais dont tous les étages soient voûtés.

La défense de son côté pourra gagner aussi quelque chose à ces nouvelles découvertes : toutefois la ligne enveloppante semble devoir avoir toujours la supériorité sous le rapport des feux sur la ligne enveloppée. Mais la télégraphie électrique facilitera beaucoup la défense : les places fortes, mises en communication instantanée par un télégraphe souterrain, pourront mieux connaître tous les mouvements de l'ennemi, qui ne parviendra à détruire les fils que par des circonstances tout à fait fortuites ou les renseignements de traîtres ou d'espions. Dans la campagne d'Italie, les Autrichiens brisèrent eux-mêmes le télégraphe que nos agents purent rétablir pour ainsi dire sous les pas de nos colonnes : il n'en eut pas été ainsi sans doute si la terre nous en eut dérobé la direction. Leurs places auraient pu combiner leur action solidairement et entraver, si ce n'est déjouer, nos projets par leur simultanéité d'énergie.

Les machines à vapeur nous permettent aujourd'hui une transformation facile des fossés secs en fossés pleins d'eau sur les fronts d'attaque : en profitant des conduits posés pour la distribution des eaux de la ville, on peut en établir qui aboutissent sur chaque face, sur chaque flanc et sur la courtine du front d'attaque et faire naître ainsi, en trois ou quatre fois 24 heures, plus qu'un blanc d'eau : on rendra très-pénible ainsi l'établissement de la sape nécessaire au passage du fossé.

Le gaz d'éclairage semble devoir aussi nous offrir un auxiliaire sérieux dans la défense des places aux derniers moments : il pourra remplacer avec succès ces bûchers dont il est question dans les relations de siéges : il suffira d'établir un conduit aboutissant au point présumé de la brèche : au moyen d'une machine à vapeur on pourra le chasser en grande quantité au milieu des décombres et l'enflammer soit par l'électricité soit au moyen des matières de toutes natures qu'on y pourra faire rouler. L'effet moral sur les troupes pourra être très-grand : car ces feux laisseront toujours entrevoir aux assaillants la possibilité de faire jouer des mines établies sous la brèche.

La rapidité des communications a rendu les esprits impatients de voir succéder l'exécution aux projets : le temps où l'on mettait sa gloire à enlever à ses ennemis une place forte longtemps attaquée, longtemps défendue, est bien loin de nous : on ne veut plus séparer les provinces d'un État, on veut le frapper au cœur afin de rester maître de toutes ses parties. Le système de guerre est complétement changé et l'on peut procéder par grandes masses. La construction des fortifications de Paris nous permet aujourd'hui d'envisager sans effroi ces nouvelles guerres d'invasion : car les chemins de fer et le télégraphe peuvent faire espérer pour la défensive, dans un rayon déterminé en dehors des armées ennemies, une rapidité et un ensemble d'action inconnus jusqu'à présent et dont nous fûmes sur le point d'éprouver les terribles effets dans la dernière guerre. Si l'ennemi pénétrait dans notre pays il s'y présenterait en plusieurs colonnes, suivant des routes différentes et aboutissant à un objectif déterminé : or, on admettra certainement qu'en 48 heures les corps d'armée que nous leur opposerons pourront être facilement renforcés, dans un cercle de 80 à 100 kilomètres de 20 à 25000 hommes d'infanterie, emportant dans leur sac des tentes et au moins 4 jours de vivres : la cavalerie quelque soit son nombre, pourvue de 2 jours de vivres pour les chevaux et de 4 pour les hommes, pourra sur les routes ordinaires en 48 heures franchir cette distance. Ainsi renforcé soudainement, l'un des corps défensifs, qui était sur ses gardes, pourra au contraire livrer bataille immédiatement, sans laisser le temps à l'ennemi de construire un camp retranché ou des lignes dans lesquelles il pourrait peut-être nous attendre très-patiemment. Nous pourrons ainsi, la fortune aidant, battre successivement, avec la même rapidité, les autres corps. En outre, nos convois de vivres et de blessés peuvent arriver plus rapidement à destination : car on doit supposer que l'ennemi n'osera pas envoyer de cavaliers au delà de 30 à 40 kilomètres pour détruire les voies ferrées : nous pourrons au contraire l'en priver en nous retirant dès qu'il a passé nos frontières, si ce n'est peut-être même à une certaine distance dans l'intérieur de son propre pays. A ce sujet nous ferons remarquer qu'il ne serait peut-être pas sans importance pour l'attaque comme pour la défense de créer quelques compagnies de sapeurs à cheval déjà existantes en Russie : elles seraient destinées, en accompagnant les reconnaissances de cavalerie, de première nécessité à l'armée, à enlever, briser ou rétablir, comme aussi à surveiller, les rails, ponts, viaducs, tunnels, remblais, déblais, poteaux et fil électrique.

Dans la guerre offensive, nous ne pouvons pénétrer, comme autrefois, qu'en suivant les routes du pays ennemi qui pourront être mal entretenues par suite de la création des lignes ferrées : nous devrons toujours craindre les surprises : on reconnaîtra peut-être plus que jamais cette nécessité d'armer, comme le désirait Napoléon Ier dans ses mémoires, tous nos soldats d'un outil de pionnier qui nous permettra de réparer les routes, de construire des camps retranchés ou nous établir solidement dans les villes ou villages ouverts, que nous rencontrerons et qui pourront nous servir de bases. Ces travaux seront d'autant plus impérieusement commandés que toutes les places fortes seront reliées entr'elles par de nouvelles voies de communication, et faciliteront les mouvements tournants si dangereux à l'armée.

Enfin, les chemins de fer peuvent, en faisant converger des approvisionnements très-rapidement de plusieurs places sur un point donné, laisser l'ennemi indécis sur le point d'attaque jusqu'au dernier moment.

L'homme est parvenu pour ainsi dire à annuler les distances pour se transporter d'un point à un autre : il peut aussi, quelque soit l'état de l'atmosphère, au moyen des petites armes, donner avec une précision effrayante la mort à son semblable plus loin que sa vue ne peut l'apercevoir. A Austerlitz, le bataillon des chasseurs corses, embusqués derrière les accidents du terrain, ajustant avec sang-froid les hussards Autrichiens, envoyés en avant près de Telnitz, en abattirent un grand nombre : en une demi-heure ils couchèrent de même à terre la moitié d'un régiment d'infanterie qui était venu au secours des hussards ; à Iéna, les tirailleurs rendirent aussi les plus grands services : quel n'est par leur effet aujourd'hui sur les régiments et sur les batteries de campagne!

L'artillerie, par sa légèreté, sa mobilité, la justesse de son tir, la possibilité qu'elle a acquise de tirer sous des angles déterminés, a apporté les plus grands changements à la guerre. Qui peut avoir oublié déjà les horribles trouées que firent nos batteries dans les escadrons ennemis s'avançant sur nos canonniers? Sur mer, les bateaux à hélice, qui dérobent à l'action du canon leurs moyens de locomotion, les batteries flottantes qui semblent railler l'effet de tous les projectiles et qui auront peut-être un jour leurs semblables sur terre, forment aussi une nouvelle série d'engins de guerre appelés à transformer complétement les batailles navales en combats terrestres sur le pont des navires. Les abordages seront d'autant plus terribles par l'emploi des revolvers que ces armes permettent, dans un temps très-court, une grande multiplicité de coups toujours bien ajustés en raison de la petite distance et des masses sur lesquelles ils sont dirigés. L'invasion en pays ennemi paraît donc beaucoup facilitée par ces nouveaux vaisseaux.

La rapidité avec laquelle des flottes, averties simultanément de l'heure du départ, peuvent atteindre des points éloignés, la possibilité de leur donner des ordres même lorsqu'elles sont à grandes distances de nos côtes au moyen du cable électrique, peuvent et doivent faire craindre des événements dont les suites peuvent être la ruine de certains états qui se sont, comme la Chine, crus inaccessibles à jamais. Tous ces agents nouveaux peuvent n'avoir, il est vrai, qu'une action très-éphémère; mais un concours de circonstances, d'événements favorables, peuvent nous permettre d'espérer, à un moment donné, une activité inconnue encore dans l'attaque ou la défense.

La science des fortifications a-t-elle fait aussi assez de progrès pour diminuer la supériorité qu'a acquise l'attaque?

ÉTAT SENSIBLEMENT STATIONNAIRE DANS LEQUEL LES DÉCOUVERTES MODERNES ONT LAISSÉ L'ART DES FORTIFICATIONS.

La science des fortifications, dans laquelle il est si difficile d'innover, n'est-elle pas restée étrangère au mouvement toujours progressif de l'esprit humain? On ne peut nier l'évidence. Cependant l'expérience du passé nous a prouvé l'impuissance des places fortes et l'avenir ne laisse rien présager sur le système de guerre que les peuples pourront adopter : la guerre est devenue une science dans laquelle les inventions modernes ne permettent de marcher qu'avec prudence : il faut, ce semble, devancer l'avenir : aussi, en fait de fortification, a-t-on dit, il faut toujours voir un demi-siècle d'avance et c'est sans doute à cette pensée prévoyante que nous devons la création et l'innovation des fortifications de Paris dont les forts détachés feraient au besoin autour de sa ceinture un vaste camp retranché. Ces lignes défensives constituent aujourd'hui le seul progrès réel qu'a fait l'art des fortifications depuis 150 ans : encore Vauban pourrait-il revendiquer la priorité : car ce célèbre ingénieur, s'inspirant du passé, écrivait vers 1700 dans ses oisivetés, un mémoire sur l'importance dont Paris est à la France et sur le soin qu'on devait prendre de sa conservation : on recula pendant longtemps devant ce travail gigantesque, et les revers de 1814 firent cruellement sentir à nos pères, mais trop tardivement, combien il était regrettable de ne pas avoir mis à exécution cette sage pensée. Malgré ces désastres qui pouvaient entraîner le démembrement de la France, plus de 25 ans s'écoulèrent encore avant qu'on osât proposer pareille mesure, présentée, disait-on, prématurément par Vauban, prématurément aussi même par Napoléon qui écrivait de Ste-Hélène. « Si Alexandre ne tourne pas ses regards vers l'Inde pour acquérir des richesses et fournir de l'occupation à ses peuplades nombreuses de Cosaques et de Calmouks, il sera contraint, pour prévenir une révolution en Russie, de faire une irruption dans le midi de l'Europe : s'il réussit à amalgamer franchement la Pologne et la Russie... tout devra fléchir sous son joug. » L'industrie européenne ne permit pas à l'Empereur de Russie de tenter de franchir notre réseau de chemins de fer : il songea d'abord sans doute à s'emparer de la Turquie, et alors maître de ce pays, lorsque nos ingénieurs, nos capitaux, nos compagnies, auraient relié sa patrie à l'Allemagne, il aurait jeté les yeux sur l'Europe méridionale, vers laquelle déjà sont tracées des villes de dépôt telles que Dunabourg sur la Dwina, Varsovie et Demplin sur la Vistule : un peu plus près de nous, Kalisch sur la Warta, Kiew sur le Dniéper, etc. Sans doute le percement de l'isthme de Suez, qui permettrait enfin à cet empire d'avoir des relations suivies dans l'Inde et une marine formidable s'il possédait Constantinople, pourrait faire refluer ses populations dans les possessions anglaises : mais il peut aussi en être autrement : nos lignes de fortifications pourront-elles alors opposer une barrière suffisante à l'invasion étrangère ? Nos descendants sont peut-être destinés à voir les nations septentrionales abandonner, comme autrefois les Cimbres et les Teutons, les bords de la Baltique, et aller à la recherche d'une terre et d'une patrie moins disgraciées de la nature. Les fortifications de Paris et de quelques autres villes changeront certainement les projets des ennemis : mais cette défense du cœur peut-elle protéger les extrémités ? A-t-on pris de nouvelles mesures, créé de nouveaux points capables de parer sérieusement à de nouvelles attaques basées sur de nouveaux moyens ? L'exemple du vaste camp retranché qu'on peut former sous Lyon et Paris, où s'élevaient il y a peu de temps les tentes de nos soldats réunis pour une des plus grandes fêtes militaires de notre époque, cet exemple, disons-nous, ne doit-il pas être imité en divers points ?

FAITS HISTORIQUES RELATIFS AUX CAMPS RETRANCHÉS.

« Plusieurs choses, dit Montesquieu, gouvernent les hommes : le climat, la religion, les lois, les maximes du gouvernement, les exemples des choses passées...... »

Jetons donc un coup d'œil en arrière : quelques faits historiques feront apprécier la valeur des camps retranchés, soit dans la défense des frontières, des armées ou des états : l'expérience du passé fera peut-être pressentir les services qu'ils rendront à l'avenir, en ayant égard à la différence des temps, des armes, des mœurs et des découvertes modernes.

Les camps retranchés ont été employés à la défense des armées et des états de tous temps par tous les peuples : leur emploi à la guerre est toujours facile, puisqu'ils n'exigent que des bras et des outils : en temps de paix leur construction, leur entretien, ne sont pas onéreux même pour les peuples dont les ressources sont très-bornées, soit à cause de leur peu d'étendue, ou du mauvais état de leurs finances, et qui veulent conserver leur indépendance : pour les nations puissantes qui peuvent et doivent toujours craindre la ligue de leurs voisins, jaloux de leur civilisation, de leur industrie, de leur suprématie, ils peuvent être le complément d'un système défensif impuissant à arrêter les invasions.

Il est très-remarquable que dans toutes les guerres entreprises par César, il a toujours été inférieur en nombre à ses ennemis : aussi plus qu'aucun autre se servit-il des fortifications. Lorsqu'il entreprit la guerre contre les Suisses il se rendit promptement à Genève, assembla ce qu'il pût de gens de guerre, fit couper un pont sur le Rhône et entreprit immédiatement un fossé et une muraille de 18 milles de long depuis le lac de Genève jusqu'au mont

Jura, pour empêcher le passage du Rhône : dans toute cette guerre il ne se départit jamais de son invariable ordre de camper sûrement : aussi fut-il toujours le maître d'attaquer ses ennemis quand il voulut; le succès couronna les efforts de ses soldats : sur 368,000 personnes qui composaient l'armée ennemie, 110,000 seulement revirent leur patrie.

Dans la guerre contre les Allemands, il construisit deux camps retranchés pour assurer l'arrivée de ses vivres : pendant cinq jours il chercha à attirer Ariovistus hors de son camp : un tiers de son armée travaillait tandis que les deux autres étaient prêts au combat : Ariovistus a l'imprudence de sortir de son camp et se fait battre complétement. Dans une autre guerre dans les Gaules, Crassus, un de ses lieutenants, pressé par le manque de vivres, attaque les peuples d'Espagne et de Gascogne : leur camp laissait beaucoup à désirer : Crassus fait bien reconnaître le côté faible, et la famine doublant les forces de son armée, il remporte une victoire éclatante que plus de prudence et de travail auraient peut-être changée en défaite. Les anglais favorisant toujours ses ennemis, il décide de leur faire la guerre et envoie Cornio, qu'il avait fait roi d'Arras, reconnaître le pays ; bientôt après il ose débarquer avec son infanterie seulement, sa cavalerie ne peut aborder, ses vaisseaux sont brisés par la tempête, il se retranche alors solidement et les Anglais, imprévoyants alors, qui avaient négligé de protéger leur pays par les mêmes moyens, défaits plusieurs fois, n'obtiennent la paix qu'en livrant des ôtages.

La seconde expédition en Angleterre le couvrit de gloire ; il s'embarqua à Calais ; la même imprévoyance de ses adversaires ne lui fit éprouver aucun obstacle à son débarquement ; cependant il fortifia solidement son camp pour garder ses vaisseaux et défit l'ennemi dans un premier combat. Après une nouvelle bataille contre Cassivellanus, qui, remarquons-le bien, n'avait osé l'attaquer dans son camp, il parvint à traverser la Tamise à gué en dépit des indigènes. Cassivellanus stupéfait envoya des ôtages et demanda la paix.

A son retour en France, il se hâta de venir au secours de Cicéron qui se défendait courageusement dans son camp retranché. Il contenait dix milles de circuit, avait été fait en trois heures et par des hommes qui n'avaient, pour remuer la terre, que leurs épées, et pour la porter, que leurs habillements. Le dur labeur et le rude climat auxquels furent soumises nos troupes soit en Afrique, soit en Crimée ou en Italie, nous ont prouvé que nous pouvons en attendre aujourd'hui la même puissance de volonté, la même ardeur au combat.

Dans sa 9e guerre, il passa la montagne de Gévaudan, où il se fraya un chemin dans six pieds de neige et marcha, à son retour d'Italie, en Auvergne, contre Vercingentorix qu'il défit ; celui-ci prit alors la suprême résolution de l'affamer, brûla plus de vingt villes, ne conservant que Bourges (encore fut-ce contre son avis) ; César s'empara bientôt de cette ville, y tua 40,000 hommes et y ravitailla son armée. Pendant ce siége, il tâcha de surprendre le camp de son ennemi; mais à son tour, ses troupes furent repoussées. Tandis qu'ensuite il attaquait Clermont, il apprit la révolte des Autunois qui venaient au secours de la ville; il marche à eux, les défait et revient assez à temps pour défendre, contre Vercingentorix, son camp, qui étant bien fortifié, lui avait permis cette excursion. Il donne ainsi aux généraux en chef un remarquable exemple des belles entreprises auxquelles ils peuvent se livrer lorsque par leur coup d'œil et leur intelligence ils ont su bien asseoir et bien retrancher un camp qui les laisse maîtres de leurs mouvements.

Quand il fit la guerre en Afrique, il campa devant la ville de Ruspine qui était à une demi-lieue du port, aussitôt il le relia avec la ville et avec son camp par des fortifications; il eut ainsi un pied sur terre et l'autre sur mer, afin que selon les occasions il put agir par terre et par mer et qu'à tout événement il ne fut pas enfermé.

Voici encore un exemple remarquable de temps moins éloignés de nous : En 1621, Osman Ier, empereur des Turcs, marcha contre les Polonais, à la tête d'une armée de 400,000 hommes et 4 à 500 pièces de canon ; les Polonais et les Cosaques formaient environ 80,000 hommes ; ils s'enfermèrent dans des camps bien situés, construisirent sur les avenues des forts et des redoutes détachés hors de leurs camps, pour occuper les hauteurs ; pendant 3 ou 4 mois les Turcs livrèrent des combats et des assauts sans pouvoir réussir ; enfin, ils abandonnèrent leur entreprise et firent la paix après avoir perdu plus de 60,000 hommes.

En 1839, à la bataille de Nizib, gagnée par Ibrahim-Pacha sur les Turcs, nous voyons que ceux-ci avaient un camp retranché à lignes à intervalles ; le front était protégé en arrière par des hauteurs fortifiées et couronnées d'artillerie, en avant par trois redoutes de grande dimension. La droite était appuyée à une hauteur où se trouvait un régiment d'infanterie établi dans une redoute ; plus bas était une batterie d'artillerie, protégeant l'extrême droite et le régiment; la gauche était appuyée à une redoute placée sur un mamelon à pentes raides. Cette forte position obligea l'armée égyptienne à deux marches de flanc fort dangereuses qui lui permirent de venir attaquer les Turcs par derrière. Ceux-ci ne combattirent ce mouvement que faiblement et par le feu d'une batterie; ils ne firent construire, en deux jours et demi, que deux redoutes pour couvrir le nouveau front; aussi furent-ils défaits complétement et laissèrent 1,500 prisonniers; cependant l'artillerie, les munitions ne manquaient pas, car on trouva dans le camp 179 pièces et 18 à 20,000 fusils.

A Silistrie, les Turcs, par un vaste camp retranché, ferment l'entrée de leur pays à l'armée russe; par leur bravoure passive derrière leurs parapets, ils émoussent le courage et l'ardeur de l'ennemi qui, rebuté enfin après plusieurs mois, se voit forcé de lever le siége et de renoncer à ses projets d'invasion.

Deux petits états, fiers de leur indépendance comme tous les montagnards, la Suisse et l'Ecosse, nous font voir encore la confiance que donnent les retranchements aux troupes. Les Suisses, voulant empêcher les Français de passer les Alpes, se fortifièrent du côté du mont Genèvre et du mont Cenis, seul passage par lequel ils croyaient que les Français pussent pénétrer. François Ier arriva au pied des Alpes avec 25,000 cavaliers, 40,000 fantassins. Les Suisses audacieux ne comptaient que 16,000 hommes; cependant François Ier n'osa les attaquer dans leurs retranchements..... Heureusement, il fut averti par un traître qu'il existait un passage nommé Roque-Sparvière, que les Suisses regardaient comme impraticable. Il y employa aussitôt 3,000 pionniers; toute l'armée travailla au milieu des précipices et se trouva après quatre ou cinq jours de travail dans la vallée d'Argentière. Prosper Colonne, général de cavalerie des confédérés, fut surpris à Villefranche, dînant tranquillement. La nature offre-t-elle donc des obstacles insurmontables et pouvons-nous espérer arrêter un ennemi qui veut se frayer un passage, soit dans les montagnes, soit entre nos places fortes ?

Les Ecossais avaient construit un camp si bien retranché et si bien situé qu'il défendait parfaitement l'entrée de leur pays ; aussi Cromwel, désespérant de les vaincre, simule une retraite. Les Ecossais, enhardis par ce mouvement rétrograde, ont l'imprudence de le poursuivre et sont battus à Dumbar.

La même ruse réussit à Placide, général de Vespasien : les Juifs qu'il attaquait s'étaient retranchés sur une montagne difficile où il ne voulait pas les attaquer ; mais il feignit de s'éloigner, envoya sa cavalerie par un détour se placer entre les Juifs, qui avaient osé sortir, et la montagne, afin de les empêcher de rentrer dans leurs retranchements. Ceux-ci, surpris tout à coup de le voir faire volte-face, cherchent à retourner sur leurs pas ; mais attaqués vivement ils éprouvent une déroute complète.

L'histoire d'Angleterre nous fait connaître

aussi des faits que nous devons mentionner.

Guillaume débarque en Angleterre, près de Hastings, et son premier soin, après avoir fait descendre ses troupes, est d'employer les charpentiers et forgerons à décharger et monter trois châteaux de bois et de faire construire un camp retranché formé de fossés et de palissades. La ligne des Anglo-Saxons occupait une longue chaîne de collines fortifiées par un rempart de pieux et de claies d'osier. Guillaume impatient abandonne ses retranchements et attaque vivement l'ennemi; il est près d'être repoussé, mais il ordonne de simuler la fuite afin d'attirer les Anglais hors de leurs redoutes; la lutte terrible dure jusqu'à la fin du jour; Guillaume vainqueur marche sur Londres, après avoir traversé la Tamise à Wellingford, et aussitôt établit un nouveau camp retranché pour intercepter les secours des provinces occidentales.

En 1407, une assez grande flotte partit de Brest pour aller au secours des Gallois insurgés; elle portait 600 hommes d'armes et 1,800 fantassins ; ils abordèrent à Milfort audacieusement bien qu'en aussi petit nombre et rencontrèrent bientôt 10,000 Gallois ; à quelques lieues de Worcester une forte armée anglaise se présenta mais n'osa les attaquer ; elle se retrancha sur des collines, on s'y observa pendant 8 jours des deux côtés ; mais bientôt la famine se fait vivement sentir et fait braver aux Gallois les fortes positions de leurs adversaires ; ils se jettent la nuit sur les vivres et les bagages des anglais qui battent en retraite.

Lorsqu'en 1347 la ville de Calais fut assiégée par Edouard III, roi d'Angleterre, Philippe se présenta avec une armée de 60,000 hommes pour faire lever le siége ; il vint jusqu'aux retranchements des anglais qu'il fit visiter ; ils furent jugés inexpugnables ; selon l'usage, il envoya offrir la bataille au roi d'Angleterre qui répondit : « Je suis ici pour prendre Calais, si Philippe de Valois veut combattre c'est à lui de voir comment il pourra m'y contraindre. » Philippe voulait s'obstiner à livrer la bataille ; après deux jours de remontrances il céda, frémissant de dépit, aux conseils des généraux, et les habitants du haut de leurs murailles virent avec les convulsions du désespoir disparaître le secours si impatiemment attendu. Ce fut à la valeur de ces retranchements que les Anglais durent évidemment la capitulation de Calais à jamais célèbre par le dévouement d'Eustache de St-Pierre ; cette ville fut une grande perte à cette époque pour les français qui auraient sans doute pu l'éviter par la construction d'un camp retranché sous cette place.

En 1796, les Irlandais sous l'influence française, s'insurgèrent et établirent un camp retranché qui devint leur quartier général ; dans cette forte position, appelée Vinegar-Hill, ils osèrent lutter contre l'Angleterre et purent résister malgré leur faible nombre quelque temps ; mais ayant eu la hardiesse d'accepter une bataille en dehors de leurs camps, ils furent vaincus à Wicklow.

Les derniers épisodes de la guerre des Indes nous démontrent encore dans ce siècle la puissance des camps retranchés, défendus par des hommes qui peuvent chaque jour compter le temps qu'il ont à vivre et qui n'ont d'autre espoir de salut que dans leur persévérance et leur bravoure secondées par leurs parapets. A Lucknow, 4 ou 5,000 travailleurs Indiens sont occupés au commencement de juin jour et nuit, à creuser des fossés, à installer des batteries, à élever des retranchements ; les ingénieurs multiplient les parapets qui devaient former autour du point appelé Résidence un cercle complet de fortifications ; toutes les maisons situées favorablement près de ce point sont transformées en forts détachés, en ouvrages extérieurs de tous genres devant lesquels le terrain était déblayé à grand renfort de sape et de mine. Confiant dans ces retranchements, sir Henry Lawrence n'hésita pas avec 600 hommes à sortir de la ville pour en dégager les abords, et offrit la bataille aux Cipayes ; se trouvant bientôt en face de 15 à 16,000 rebelles, il se vit forcé d'y rentrer à la hâte, fit sauter une partie de la ville qu'il ne pouvait défendre et se retrancha dans une enceinte d'environ 700 mètres de long sur 400 de large. Derrière un réseau de barricades et d'épaulements il repoussa plusieurs assauts tentés par des milliers d'indigènes, et soutint héroïquement le siége pendant près de 3 mois, du 30 juin au 25 septembre, époque à laquelle il fut délivré.

Le siége de Delhi, cette ville célèbre, aux palais antiques, aux obélisques informes mutilés par le temps, aux tours massives qui flanquaient autrefois une forteresse redoutable, le siége de Delhi par les Anglais est remarquable encore par l'opiniâtreté de l'attaque qui comptait 4,500 européens et 2,000 indigènes; elle eut lieu encore pendant les plus grandes chaleurs du 8 juin au 14 septembre et eut à repousser 23 sorties ; ce qui ne peut étonner quand on saura qu'on n'avait élevé pour protéger le camp que les batteries tout à fait indispensables ; ce ne fut que le 29 août que la tranchée fut réellement ouverte, jusque là les retranchements avaient été négligés; aussi les cipayes, dont la retraite était toujours assurée, ils sortaient de leurs murailles pour provoquer la bravoure si froide et si éprouvée des soldats anglais, mais fuyaient en toute hâte dans leur forteresse quand ils n'avaient pu surprendre l'audacieuse armée de siége; le général Wilson, comprenant l'impossibilité de réussir sans avoir recours aux tranchées, fit cet ordre du jour qui caractérise une fois de plus l'aversion du soldat anglais pour les travaux de siége: « Le major général fait appel à tous les officiers de ce corps d'armée pour qu'ils prêtent une assistance réglée et efficace à l'établissement des travaux de siége. C'est plus particulièrement sur les officiers de tous grades, qui sont attachés à chaque régiment, qu'il compte pour faire comprendre aux soldats que travailler dans les tranchés pendant un siége est aussi nécessaire et aussi honorable que de se battre dans les rangs pendant un combat. » Du 8 juin au 29 août les assiégeants sont assiégés et éprouvent des pertes cruelles; ils se décident enfin à construire des parallèles, et bientôt la victoire couronne les efforts de cette troupe que sa témérité, son mépris de l'ennemi menaçait d'une fin désastreuse.

L'histoire de notre propre pays nous offre aussi de grands enseignements ; nous ne croyons pas devoir les passer sous silence ; les revers ou les succès de nos généraux ne doivent-ils pas intéresser les hommes appelés à reculer nos frontières ou à repousser des coalitions menaçantes ?

Henri IV en 1590 assiégeait Paris ; les ligueurs obtinrent de l'Espagne une forte armée. Le duc de Parme quitta la Flandre, contraint par le conseil d'Espagne, pour s'aventurer dans un pays où il n'avait pas d'amis, ayant tout à craindre d'un ennemi courageux, exercé aux armes, environné d'une noblesse presqu'invincible et d'autant plus redoutable qu'il fallait aller l'attaquer dans sa propre maison et le centre de ses forces. Aussi prit-il toutes sortes de précautions ; on ne partait qu'au soleil levé, l'armée était couverte par ses chariots dans sa marche, moyen prudent cité par Vauban, qui donne le plan d'une armée marchant ainsi, l'élévation, la coupe et la disposition des chariots, tant il attachait d'importance à ce mode de cheminement qui peut être d'une grande ressource aux vaincus dans une retraite. Chaque soir le duc de Parme faisait retrancher son armée. Un corps de cavalerie légère précédait toujours pour fouiller le pays et assurer les campements. Le monarque rassembla son armée, prit près de Lagny une position qu'il crut propre à forcer le duc ou à livrer bataille; celui-ci temporisa. Cependant les Parisiens affamés menacent de se rendre si le duc ne livre bataille ; il sort donc de son camp publiant qu'il va tenter le sort des armes. Henri tressaille de joie ; les français s'élancent, mais les Espagnols se replient bientôt, prennent une position avantageuse qu'ils fortifient sur le champ de fossés et de redoutes. Le roi n'osa les attaquer dans leurs retranchements trouvant ce parti trop hasardeux et cependant la reddition de Paris était l'enjeu de la lutte. Les Espagnols nous donnent ici une grande leçon de prudence et un exemple remarquable à suivre, si les événements nous conduisaient en pays étranger dans des conditions analogues.

Sous le règne de Louis XIV, les campagnes de Turenne et de Condé présentent des faits intéressants sur le sujet qui nous occupe.

Mercy, général bavarois, s'était emparé de Fribourg ; pour résister à Turenne et au duc de Condé qui se présentaient, Mercy, entouré dans la plaine de Fribourg, de marais, bois, ravins, montagnes, mit tout son art à fortifier ces défenses naturelles. Elles parurent inexpugnables à Turenne mais non au duc : on résolut de les attaquer. Turenne déboucha dans la plaine malgré les difficultés qu'offraient les passages coupés de tranchées et hérissés d'abattis ; mais bientôt il se trouva dans une position fort critique ; car le prince, bien qu'ayant gagné les crêtes de la montagne, ne pouvait lui être d'aucun secours. Heureusement la nuit qui survint sauva Turenne et couvrit la retraite de Mercy qui alla se retrancher de la même manière à une lieue de là. Le lendemain il y fut attaqué avec le même courage que la veille mais avec moins de succès ; la perte des Français fut énorme. Le prince ne put suivant son désir renouveler le combat le jour suivant ; les troupes, excédées de fatigue, exigèrent du repos et l'on en revint au plan de Turenne, de couper la retraite à l'ennemi et de l'affamer dans son camp. Mais Mercy pénétra leurs desseins, décampa lui-même, abandonnant dans les bois de la Forêt-Noire ses bagages et ses canons, et échappant ainsi aux savantes combinaisons des généraux français.

Voici encore un exemple des plus curieux de l'usage qui devait être fait des camps retranchés dans une expédition en Angleterre. Lorsque Charles VI projeta cette vaste descente, qui dut être très-célèbre à cette époque, il fit travailler à la construction d'un édifice aussi effrayant par la défense qu'étonnant par sa singularité. C'était une ville de bois de 3,000 pas de diamètre, munie de tours et de retranchements, capable de contenir une armée entière. On devait s'en servir après le débarquement pour créer sur le sol anglais une vaste place d'armes à l'abri des insultes de l'ennemi; cent mille hommes devaient être transportés. Outre la quantité prodigieuse de vaisseaux rassemblés pour cette guerre, le connétable de Clisson avait lui seul formé une flotte de 72 voiles. Charles VI, à l'Ecluse, animait tout par sa présence. Tout était prêt, on n'attendait plus que le duc de Berry; ce prince, très-avide d'argent, se fit longtemps attendre, l'expédition n'eut pas lieu; on en tira la conjecture que l'or du duc de Lancastre, très-lié avec lui, avait sauvé l'Angleterre.

Nos guerres civiles, dans des temps trop tristement mémorables, font aussi ressortir d'une manière éclatante la force de résistance que des volontaires, décidés à braver la mort, peuvent trouver dans ce genre de fortifications. Lyon, en 1793, proteste contre l'autorité du tribunal révolutionnaire qui s'était établi sans aucun mandat légal; la Convention annule l'autorité de ce tribunal, mais un conflit sanglant a lieu dans la ville. Le parti des Girondins est renversé et la Convention décrète entr'autres mesures que le général Kellerman marchera sur Lyon; son effectif atteignait à peine 30,000 hommes. Les Lyonnais répondent à ce décret en célébrant l'anniversaire de la prise de la Bastille, et le président de la commission départementale invite tous les assistants à résister à toute oppression tyrannique et à faire succéder à l'anarchie le règne des lois d'un peuple libre et républicain. Le colonel de Chanelatte exécute un vaste retranchement dont le périmètre extérieur présentait un développement d'un kilomètre, et embrassait avec hardiesse toutes les positions qui pouvaient favoriser la défense de Lyon. Une armée active de 10,000 hommes, soutenue par une armée sédentaire de 20,000 chargés de la garde des fortifications et du service intérieur, défendait la ville, 200 canons, dont une partie était fondue à Lyon même, protégeaient la place. Le 8 août, le général Kellerman fit sommation aux Lyonnais d'ouvrir leurs portes; ce ne fut que le 9 octobre que les représentants et le général y pénétraient, les habitants soumis aux plus rudes épreuves, ayant dû se rendre aux sommations de la Convention. Les assiégeants avaient consommé 150,000 kilogrammes de poudre, avaient lancé 44,000 projectiles, brûlé plus de 800,000 cartouches; leurs divers corps réunissaient de 50 à 60,000 hommes occupant les trois dernières semaines une ligne d'investissement de 25 à 30 kilomètres de développement. La moitié des Lyonnais qui avaient pris part à la défense active avaient été tués ou mis hors de combat.

En 1849, une poignée d'Arabes se retranchent à Zaatcha, s'y défendent courageusement; le corps expéditionnaire d'abord de 5,000 hommes est porté à 8,000 : l'artillerie emploie contre ces hommes, ignorant l'art de la défense mais fanatisés par un de leurs marabouts, ne possédant pas une bouche à feu, 12 obusiers, 3 mortiers, 4 canons de 8 : elle y consomme 3,500 projectiles; nous avons

1,000 hommes hors de combat; la lutte est acharnée, 71 officiers succombent; nos attaques durent deux mois et nous perdons par les maladies un nombre considérable de nos meilleurs soldats depuis longtemps aguerris, rompus aux fatigues et habitués au climat d'Afrique.

La nation Espagnole, qui lutta jadis avec la France et fit dans des temps meilleurs, sous Philippe II, trembler l'Angleterre, maîtresse au contraire aujourd'hui de Gibraltar, ce point si important pour le commerce du monde entier, défendit héroïquement son indépendance en 1808. Sarragosse fut transformée en un vaste camp retranché, au parapet de maçonnerie, aux maisons crénelées, aux machicoulis, exemple formidable de ce que peut obtenir le patriotisme, soutenu par les efforts d'une défense exécutée, il est vrai, avec plus de labeur que d'entente dans l'art défensif. La perte des ouvrages avancés, celle même de l'enceinte, n'ébranlèrent pas le courage de leur jeune armée, où 15,000 paysans pleins d'ardeur figuraient au premier rang. Les assiégés étaient réduits les derniers jours à fabriquer la poudre ; dans le courant du siége nous leur avions enlevé 50 bouches à feu. L'intérieur des maisons était percé de communications, les rues encombrées de traverses nombreuses. Le siége dura 52 jours dont 29 pour entrer dans la place et 23 pour pénétrer dans les maisons. Il y périt 54,000 individus de tous âges, de tous sexes, c'est-à-dire les deux tiers des militaires et la moitié des habitants. Les français y perdirent 3,000 hommes.

A défaut de souvenirs et de relations historiques, n'avons-nous pas encore les vestiges du camp d'Attila, et sous Namur le reste du camp retranché auquel fut dû le succès de la journée d'Arques en 1590 ? Le duc de Mayenne cependant livra plusieurs assauts et employa tout ce que la science militaire peut imaginer d'expédients dans une attaque dangereuse. Mais Henri IV, pressé de toutes parts, se montrait partout ; tantôt il se tenait ferme dans ses lignes, tantôt il en sortait à la tête de sa cavalerie à la poursuite des fuyards.

Ce dernier exemple nous fait voir que les camps retranchés ne sont pas seulement défensifs ; c'est un moyen presque assuré de fixer la victoire, qui permet aussi l'agression, la poursuite des vaincus. Il convient surtout au caractère du soldat français que le travail le plus pénible ne rebute pas lorsqu'il est soutenu par la présence de ses chefs ; aussi voyons-nous Napoléon, la veille de la bataille d'Iéna (1806), une torche à la main, dirigeant lui-même un détachement de soldat du génie ; prompt à l'attaque et par suite aussi à l'imprudence, il trouvera en cas de revers un lieu de refuge assuré derrière lequel, après avoir repris haleine, il apparaîtra plus terrible que jamais à l'ennemi. Mais comme il importe surtout d'utiliser cette première impétuosité si appréciable et si reconnue de nos adversaires mêmes, il faut chercher en élevant ces camps à convertir toutes les opérations de la guerre en actions offensives. Il faut que le soldat reste bien pénétré qu'on ne le fait séjourner au camp que pour y attendre le moment favorable de l'attaque et non pour s'y défendre. Ces points de sûreté nous permettront d'aguerrir au besoin les recrues par de fréquentes et petites sorties et d'attendre l'exacte situation des événements. Ce sont des pierres d'attente que nous voulons poser aujourd'hui en temps de paix pour être mieux préparés à repousser la guerre. Ce fut aussi le but de Louis XI quand il créa les camps de paix en 1479 d'après le conseil du maréchal de Guerdes, Philippe de Crèvecœur; cet habile général avait reconnu après la perte de la bataille de Guinegatte qu'il était d'absolue nécessité de former des camps pour accoutumer les troupes aux évolutions en grand; car les compagnies d'hommes d'armes et les bandes d'archers, arrivant de toutes les parties de la France quand elles étaient mandées pour une expédition, ne connaissaient entr'elles ni rang ni subordination. De nos jours ils seront des lieux de réunion, de reconnaissance des soldats, des officiers, où disparaîtront ces sentiments de jalousie que l'intelligence, la bravoure, la force, la santé, l'habileté, la fortune, toutes les qualités ou avantages enfin particuliers à chaque individu, à chaque corps, ont pu faire naître, et qui s'effaceront pour faire comprendre les résultats immenses, imprévus, que tous ces éléments, convergeant vers un même but, peuvent obtenir dans l'attaque ou la défense d'un état. Les rivalités de nos soldats et de nos généraux des armées du Rhin et d'Italie justifient ces lignes. De ces points de sûreté nous pourrons harceler l'ennemi ; il voulait nous envahir et bientôt se trouve cerné de toutes parts ; il en fut ainsi de la part des Russes à Sébastopol ; nous assiégions et bientôt fûmes assiégés ; mais nos retranchements nous permirent de soutenir des mois entiers les efforts de toute la nation Russe ; les Anglais dédaignèrent de se couvrir et furent sur le point de succomber. Les camps retranchés construits de part et d'autre sous un feu terrible d'artillerie, resteront à jamais célèbres dans les annales de l'histoire et constateront une fois de plus, s'il était nécessaire, ce que peuvent présenter de ressources le sol même le plus aride et la puissance de la persévérance unie à la bravoure et à la discipline.

La nature nous offre quelquefois des camps retranchés grandioses élevés par elle-même et dont un général, doué d'un coup d'œil militaire pénétrant, sait et doit toujours profiter pour assurer la victoire ou conjurer une déroute. A Magenta, les Français se présentent devant un hémicycle en amphithéâtre qu'il faut enlever avant d'arriver sur un plateau, défendu par des villages, des champs de vignes, de maïs et de mûriers, où les tirailleurs embusqués nous ajustent avec précision, par des cours d'eau rapides dont les rives escarpées sont garnies de taillis épais qui en rendent le passage impossible. Notre fougue nous fait tout braver et nous chassons l'ennemi devant nous ; quelle n'eût donc pas été sa défaite s'il n'eut été maître de pareilles positions! A Solferino, l'ennemi nous attire adroitement dans une grande plaine après nous avoir laissé traverser un pays coupé de ruisseaux, de routes étroites, de fossés, où la retraite eut été presqu'impossible en cas de revers; cette plaine ne présente pas de sources pour étancher la soif des combattants ou laver leurs blessures; à l'extrémité se trouve une grande route qui longe le pied des hauteurs; elle est bordée de chaque côté de fossés assez profonds pour y masquer des troupes; des plantations, des récoltes, quelques villages, couvrent les mouvements, appuient les différentes parties. Nous présentons à l'ennemi une ligne de tirailleurs étendue, avant d'avoir balayé ces parties inconnues par de la mitraille; nos tirailleurs, notre cavalerie cherchent à y pénétrer, arrivent jusqu'au bord des fossés de la route; mais bientôt, étant vus sur toute leur hauteur, ils sont repoussés par les troupes autrichiennes dont ils ne peuvent apercevoir que la tête; le terrain est disputé pied à pied, des fermes, des maisons prises et reprises plusieurs fois. La précision de nos nouvelles pièces, la bravoure, l'impétuosité de nos soldats l'emportent enfin, mais après douze heures de combat et des pertes cruelles dans toutes les armes. Ces deux exemples récents de positions militaires naturelles que les généraux autrichiens savent reconnaître et apprécier à leur juste valeur, nous font regretter qu'on ne cherche pas à former le coup d'œil des jeunes officiers par des descriptions détaillées de champs de bataille. M. Thiers dans ses ouvrages nous les dépeint souvent avec une netteté remarquable, trop peu connue et admirée de ses lecteurs militaires pour lesquels ils devraient être un objet de sérieuses méditations. Si quelques champs de bataille étaient reproduits en relief, on pourrait y faire une description plus frappante encore du récit de l'action, de la disposition des troupes. Les plans en relief de certaines villes attaquées, les tranchées, les batteries qui y sont représentées, font pour ainsi dire toucher du doigt les difficultés du point d'attaque, et donnent à nos officiers des armes spéciales une idée très-juste des travaux qu'ils auront un jour à exécuter. La topographie et les plans en relief de quelques champs de bataille célèbres devraient être le sujet de l'étude des officiers de toutes les armes. La victoire peut s'acheter quelquefois par de grands sacrifices en soldats et en généraux; car l'invention de la poudre permet à un enfant de tuer l'homme le plus brave; les armes de précision aujourd'hui rendent les combats corps à corps de plus en plus rares; avant de joindre l'ennemi on est frappé à l'endroit déterminé par d'habiles tireurs; le succès semble donc devoir rester à celui qui saura le mieux profiter de la nature ou se créer successivement et rapidement par son industrie des abris, destinés à être des points d'appui pour se porter en avant, des réduits en cas de retraite, des masques pour des bataillons de réserve, un refuge pour les blessés.

Nous nous sommes longuement étendu sur cette partie intéressante des camps retranchés, afin qu'il fût démontré jusqu'à la dernière évidence de quelle importance sont les ouvrages en terre, construits d'après les règles de l'art et bien appropriés aux sites des différentes positions ; ils attestent pour tous, d'une manière incontestable qu'en tous temps il ont donné une immense supériorité à la nation qui a su et voulu les employer à propos et en temps opportun. Les Espagnols à Sarragosse, les Turcs à Silistrie, les Anglais à Lucknow, les Arabes à Zaatcha, les alliés et les Russes à Sébastopol, ont consacré dans ces derniers temps, par leur héroïsme, la puissance que les troupes de toutes nations doivent en attendre, quand l'intelligence ou à son défaut l'ardente soif de la résistance secondée par l'exemple, la bienveillance et la suprême volonté des chefs conduit et dirige les bras d'une armée animée par le patriotisme, le sentiment de l'honneur, l'amour de la gloire ou le fanatisme qui exalte, mais souvent aussi aveugle l'esprit des meilleures troupes.

LES OBSTACLES DE LA NATURE ET LES LIGNES DE PLACES FORTES NE PEUVENT ARRÊTER LES INVASIONS. CRÉATION NÉCESSAIRE DE CAMPS RETRANCHÉS.

Les faits historiques relatés ci-dessus démontrent la valeur absolue des camps retranchés ; ils sont dans des moments désespérés des points de ralliement, car ce ne sont pas généralement les hommes qui manquent à la défense d'un pays, et là ils sont soustraits aux impressions de la famille, aux entraînements des partis; mais ces faits font peut-être moins apprécier leur importance quand ils sont liés aux places fortes pour la défense des États. Aujourd'hui, cependant, le temps semble venu pour tous d'examiner cette intéressante question ; en France, en Angleterre, en Allemagne, on commence à pouvoir concentrer rapidement sur un point donné, du nord au midi, de l'est à l'ouest, des troupes nombreuses rassemblées dans les chefs-lieux ou les villes principales; cette grande facilité de se réunir, de tromper l'ennemi par des ordres et des contr'ordres, par des mouvements variés, semble devoir rendre les guerres d'invasion plus dangereuses, plus terribles que jamais. Sous l'Empire, nos troupes firent 36 lieues en 48 heures et combattirent bravement malgré cet excès de fatigue; que ne peut-on en attendre maintenant! Elles peuvent dans ce laps de temps, parcourir six à sept fois cette distance au moins, sans traces de lassitude, sans avoir même à supporter l'intempérie des saisons. Si la Russie avait possédé des chemins de fer, aboutissant même à 30 lieues de Sébastopol, l'armée des alliés, qui profitait de la vapeur, n'aurait certainement jamais pris cette forteresse. Les chemins de fer permirent aux Autrichiens d'amener en très-peu de temps, en face de l'armée française, des forces considérables que la valeur seule de nos soldats pût repousser. Les obstacles naturels et les distances sont donc bien sensiblement diminués ; ils n'arrêtèrent point César, François Ier, Napoléon Ier, Napoléon III. On ne peut donc pas de nos jours compter sur la protection dont ils peuvent couvrir nos frontières. Les obstacles artificiels actuels présenteront-ils plus de difficultés aux armées envahissantes ? Évidemment non. En 1793, il n'en fut pas ainsi, il est vrai ; mais en 1813 et 1815 le système agressif change ; on procède par coalition, les batailles de Leipsick et de Waterloo amènent deux fois l'ennemi dans notre pays. C'est que nous-mêmes nous avions enseigné aux étrangers à Marengo, Austerlitz, Iéna, Wagram, qu'on pouvait, par des masses imposantes, conquérir l'Italie, parcourir la Prusse et faire trembler la dynastie autrichienne. Les places fortes seules sont donc impuissantes à arrêter l'invasion ; les obstacles de la nature sont bien plus sérieux ; cependant Napoléon fit dire à Macdonald qu'une armée passe toujours et en toutes saisons partout où deux hommes peuvent mettre le pied. Le passage des Alpes par François Ier, le passage du mont Saint-Bernard par Napoléon en sont une preuve éclatante. En Espagne, dans le Tyrol, dans les Alpes, l'histoire nous apprend qu'une armée, même avec ses canons, peut, dédaignant les points fortifiés, se frayer un chemin en pays de montagnes. Napoléon se dirigeant sur Moscou fut-il aussi arrêté par les places fortes? Non.

Les revers dans la campagne de Russie furent dus surtout au manque de prévoyance. Le succès fit négliger de fortifier de distance en distance des camps, des villages qui pussent servir de lieux de refuge et d'approvisionnements. Annibal passant les Alpes, César débarquant en Épire ou en Afrique ne regardaient pas en arrière, il est vrai; mais la fortune capricieuse ne donne à qui que ce soit les moyens de la fixer et semble se plaire au contraire à faire sentir sa puissance au moment où l'on croit la dominer.

Les nouveaux moyens de communication

intellectuels et matériels n'ont-ils pas aussi modifié en 1859 le système agressif? En assurant la simultanéité des opérations militaires peuvent-ils étendre suffisamment l'action des places pour fermer les trouées aux étrangers? ou leur fragilité doit-elle les faire considérer comme des auxiliaires capricieux, dangereux même sur lesquels on ne peut établir que des bases incertaines? Un seul poteau vertical, une seule traverse horizontale, un fil électrique, brisés, enlevés par une circonstance fortuite, une main malveillante, ennemie ou stipendiée, une fausse traduction, peuvent occasionner soit une catastrophe, soit un retard irréparable dans le départ, l'arrivée ou le stationnement des troupes.

En France, où le pays est aujourd'hui sillonné de routes départementales et communales, il est facile de tourner beaucoup de nos places fortes; quelques-unes ne peuvent contenir qu'une très-faible garnison qu'il est plus facile encore de bloquer; celles-ci, dans un moment donné, sont-elles d'ailleurs plus importantes à garder que certaines têtes de chemin de fer dont la privation ou la destruction entraverait des mouvements dont l'effet peut être incalculable ? Est-ce la voie ferrée, établie dans la plaine sur un remblai, pouvant être défendue comme une digue, ou la route ancienne, macadamisée, difficile à couper, placée en regard à mi-côte, et d'où l'on peut dominer la vallée ? Est-ce le pont situé sur un cours d'eau ou le viaduc que nous devons protéger de préférence ? double voie, double défense, ainsi que l'a prouvé la dernière guerre. Ne serons-nous pas forcés d'abandonner un jour déterminé les villes, ouvertes ou fermées, à leur propre défense, pour couvrir les nouvelles bases d'opération ? Les montagnes dont les flancs sont traversés par des tunnels, dont les cîmes souvent déboisées sont atteintes par des routes multipliées et faciles, les plaines où l'on a desséché beaucoup de marais, coupé beaucoup de bois, où l'on a établi de gigantesques monuments pour parer aux inondations, traverser des cours d'eau, relier divers contreforts, ne peuvent plus offrir la même sécurité à la défense, soutenue même par nos places fortes. Il faut veiller à la garde et à l'entretien des anciennes voies qui nous offrent des garanties réelles de communication, il faut assurer les nouvelles qui ne peuvent exister sans la conservation de ces travaux d'art qui y sont accumulés et qui ont coûté à chaque pays civilisé des milliards, à l'intelligence humaine des efforts inouis, aux bras des peuples des années du labeur le plus rude et souvent le plus dangereux. Pour atteindre ce but, il faut un nouvel auxiliaire qui ne nous entraîne pas dans des dépenses colossales au moment de nouvelles guerres, pouvant surgir du despotisme, de la barbarie de certains peuples, ou du réveil d'anciennes haines nationales, et qui puisse en très-peu de temps nous faciliter les moyens d'y parvenir. C'est à la terre seule que nous pouvons demander aide et protection pour sauvegarder nos moissons, nos foyers, nos tombeaux, toutes choses dont nous avons pu apprécier l'immense valeur sous l'impression des cris de l'Italie renaissant à la liberté, ou en foulant le sol de l'Algérie, qui a eu la triste destinée de les perdre toutes à jamais en 1830. Ces moyens de résistance absolue, constants, tirés de la nature même, nous engagent à organiser pour l'attaque et la défense la matière qui se trouve partout, comme l'air qui nous entoure, presque toujours facilement et partout sous nos pieds, pour seconder nos efforts.

La multiplicité de toutes ces richesses éparses, inhérentes au sol, de tous ces travaux que leur aspect grandiose et imposant semblerait défendre seul contre toute attaque, que l'armée alliée elle-même ne pût respecter cependant à Sébastopol, que l'Autriche fut réduite à détruire de ses propres mains devant nous, exigera certainement le fractionnement des armées mobiles appelées à les protéger et à repousser l'ennemi ; alors partout, les corps d'armée, les brigades, les bataillons ou les compagnies même, destinés à les couvrir, devront puiser dans leurs armes, dans leur bravoure et non dans leur nombre, des forces suffisantes pour veiller à leur conservation; alors surtout les généraux en chef comprendront toute la valeur de ces postes qui n'auront souvent de mérite que la position nouvelle que leur perspicacité intelligente aura su leur assigner. C'est donc surtout par de nouvelles masses inertes, difficiles à détruire, plus difficiles peut-être à élever au moment du danger, que nous devons chercher à parer aux éventualités qui pourront naître du concours des nouveaux éléments de force, soit pour repousser l'invasion, soit pour faire irruption en pays ennemi. Notre triple zône de places fortes n'a pu autrefois arrêter l'ennemi qui ne craignît pas de laisser en arrière de sa base d'opération les corps d'armée qui s'y étaient renfermés; aujourd'hui une surprise tentée audacieusement sur un point de la frontière peut, en déjouant toutes les prévisions de la défense, entraîner sur notre territoire une descente formidable d'étrangers auxquels leur nombre seul permettra de s'avancer impunément entre nos places *. Nous devons donc créer ou indiquer dès aujourd'hui de nouveaux centres pour leur opposer une résistance sérieuse et efficace, et considérer quelques-unes de nos places comme les solides réduits de vastes camps retranchés analogues à ceux d'Ulm, Coblentz, Mayence, Cologne, Radstadt, etc., points de refuge ou de rassemblements considérables que *la France doit surveiller* et qu'elle peut prendre en partie pour exemples. Le système d'attaque par les grandes armées qui vivent difficilement autrement que par une marche toujours envahissante devient ainsi presqu'impossible, car le but de la défense, qui est d'arrêter l'ennemi le plus longtemps possible sur le même point et de le forcer à une marche lente, paraît ainsi rempli.

* C'est ainsi qu'après avoir fait une fausse démonstration sur le Tanaro nous avons pu nous porter rapidement sur Novarre et Magenta.

Notre pays ne peut être bien défendu que par les obstacles de la nature, les places fortes et l'action combinée des armées mobiles pouvant se retrancher en des points déterminés au moins à l'avance. Ces points protégés, espacés convenablement, si ce n'est approvisionnés, au moins susceptibles d'être reliés entr'eux par des voies pavées ou ferrées, permettront à une armée défensive ou offensive, manœuvrant entr'eux, de pouvoir à volonté changer de base d'opération. Si nos places peuvent ne plus avoir d'autre objet que de renfermer des hôpitaux, des magasins, les richesses d'une cité opulente ou manufacturière, défendue par ses murs et surtout par le seul patriotisme de ses habitants, glorieux imitateurs des Lillois, nous restons maîtres des forces vives du pays. L'armée peut rapidement et facilement se transporter de la plaine à la montagne, d'un camp retranché à l'autre, d'un point stratégique, déjà indiqué par la nature ou les événements militaires antérieurs, à un point présumé de débarquement ou d'invasion. Ce but sera certainement atteint, en partie au moins, le jour où l'on élèvera ou tracera des camps retranchés, sous la protection de certaines places fortes, ou en des points que l'expérience du passé et la configuration du sol indiqueront à l'habileté des ingénieurs et des tacticiens dans tous les pays, et que le génie de Vauban, dans ses mémoires, a signalés en partie à ses successeurs dans la science des fortifications.

ESTIMATION DE LA VALEUR DES CAMPS RETRANCHÉS. CONDITIONS QU'ILS DOIVENT REMPLIR.

La règle des campements était passée en forme de loi dans les armées romaines ; aussi César en fit-il, comme nous l'avons vu, une application constante dans ses campagnes ; Napoléon demande comment on peut manœuvrer sans le secours des places fortes ou des camps retranchés avec des forces égales ou inférieures ; le duc de Rohan écrit que la science de la guerre consiste principalement à ne combattre que quand on veut et pour cet effet, dit-il, il faut savoir bien faire ses retranchements. Assurément si la cavalerie pour être redoutable, doit être composée d'hommes sachant à la fois bien manier un cheval et un sabre, il faut que l'infanterie puisse à la fois bien se servir de son fusil pour atteindre l'ennemi et de la pioche pour pouvoir se créer des voies de communication et se protéger contre ses coups. Les soldats anglais se présentent au feu avec autant de sang-froid qu'à la parade; mais ils ne sont pas habitués à remuer la terre, qualité essentielle qui exigera toujours que l'armée anglaise soit beaucoup plus nombreuse que la nôtre pour obtenir les mêmes résultats. En effet, une file de soldats de cinq hommes, protégée par un parapet, peut certainement avec les armes actuelles tirer au moins quarante coups en un quart d'heure, temps minimum supposé nécessaire aux assaillants pour arriver en force à ce parapet; pendant tout ce temps, le soldat ne découvre que la tête ou environ la vingtième partie de son corps, tandis que l'assaillant marche complétement à découvert, avantage que nous ne compterons que pour quinze, parce qu'il peut se découvrir de temps à autre et que le parapet peut être écrêté; les coups sont tirés à la hâte, mais l'arme est appuyée sur un parapet; on peut donc admettre que nous aurons cinq coups justes pour l'assaillant un; l'artillerie est aussi mieux établie, mieux servie, les hommes étant plus à couvert; comptons pour trois cet avantage; faisons entrer aussi pour trois les coups de flanc ou obliques; supposons aussi des palissades, trous de loup ou abattis qui arrêtent l'assaillant et nous permettent de lui faire essuyer au moins quatre décharges, soit quatre; nous obtiendrons ainsi le chiffre 30. Mais les défenseurs ne peuvent pas toujours lutter, les armes toujours tirer; l'épouvante, la fatigue, les blessures, la mortalité, paralysent aussi la défense; nous pouvons donc réduire ce chiffre au cinquième. Cependant on peut certainement affirmer que pendant un temps très-court un camp retranché peut résister contre une armée huit ou dix fois supérieure au nombre des défenseurs, supposés toutefois attaqués par un front égal. Cette démonstration et les faits que nous avons rapportés nous font voir qu'on ne doit jamais entreprendre l'attaque des camps retranchés qu'avec une grande circonspection, une grande supériorité de forces et une grande confiance dans la qualité et le moral des troupes qui doivent attaquer. Ces attaques ont rarement réussi et l'exemple de la bataille de Caldiero ne peut encourager que les chefs audacieux, favoris de la victoire, tels que Masséna. Dans cette lutte, l'illustre général ne comptait que 50,000 hommes, mais de troupes éprouvées; 80,000 autrichiens s'étaient fortement retranchés; car ils avaient à leur gauche des montagnes fortifiées, au centre une grande route où se trouvait le village de Caldiero, à droite, des marécages et l'Adige, partout des ouvrages appropriés au sol, couverts d'artillerie. Les Français y perdirent 3,000 hommes, tués, blessés ou prisonniers; les Autrichiens comptèrent 3,000 tués ou blessés et 4,000 prisonniers. Le succès couronna cet acte téméraire du héros de Gênes et de Rivoli. Si l'ennemi n'eut pas été retranché quelle n'eut donc pas été sa perte devant de pareilles troupes électrisées par le brillant courage de leur chef! Nous avons voulu surtout faire encore apprécier les avantages des retranchements en rapportant ce combat de soldats héroïques, qui est bien loin d'infirmer ce que nous avons dit plus haut sur leur attaque.

Dans les considérations précédentes, nous avons supposé le terrain plat, découvert, ne favorisant ni l'assaillant ni le défenseur. S'il existait un cours d'eau qui permît de remplir les fossés, comme à Zaatcha, la défense en serait certainement beaucoup augmentée. Quelle que soit au surplus la position, il n'y en a pas dont les défauts ne puissent être atténués par le travail. Si le camp est trop vaste, il sera difficile à garder; s'il est trop resserré, il ne pourra tout contenir; ceux qui ont une étendue médiocre sont donc les meilleurs. Les avantages de la situation doivent toujours faire partie de la fortification. Une des meilleures positions sera celle qui, jouissant de la supériorité sur tous les points qui l'entourent, joindra à une capacité suffisante l'abondance du bois, de l'eau, et, si c'est possible, des fourrages. Si elle est environnée en tout ou partie de lacs, rivières, ravins et n'est accessible que par un fort petit espace, aisé à fortifier, on peut la regarder comme imprenable. Lorsqu'il existe des cours d'eau, navigables ou non, on ne devra pas établir les camps sur les bords mêmes, mais à la distance de 20 à 200 mètres, car on se réserve ainsi un chemin de hallage, et le feu des retranchements découvrira mieux la superficie de l'eau ; les assaillants seront donc exposés à la fois à la difficulté de passer ce cours d'eau et au feu des défenseurs pendant cette opération. Si au contraire l'eau baignait le pied du talus extérieur du parapet, les assaillants se trouveraient en se rapprochant, dans un espace mort, défendu seulement par quelques coups de flancs ; en outre on pourra avoir ainsi deux fossés, l'un plein d'eau, l'autre sec, dont les terres serviront à l'épaulement. On devra encore chercher à obtenir des inondations en avant. On fera toujours passer le tracé des lignes par les sommets les plus élevés afin d'éviter d'être dominé. On devra apporter le plus grand soin à ménager les eaux et les bois *. Ce manque de prévoyance, résultant de l'habitude des grands feux de bivouac en Algérie, fut une des causes principales des cruelles souffrances que nos soldats éprouvèrent après quelques mois en Crimée. Si l'on avait pris plus de précautions à ce sujet dès le principe on aurait eu plus de temps pour approvisionner l'armée de moyens de chauffage.

Par la création bien entendue de ces camps on sera toujours assuré d'une bonne défense; en outre on maintiendra la discipline, on empêchera la désertion et le pillage des pays ou villages voisins; la santé du soldat y gagnera aussi parce qu'il ne pourra pas se livrer aussi facilement soit à la paresse qu'entraîne souvent la vie de garnison, soit à la débauche puisque tous les genres de séduction lui feront défaut. La vie des foyers, même laborieuse,

* VAUBAN, *Oisivetés*.

entretient mal l'aptitude à la vie des camps; nous en avons encore eu une preuve certaine lors du rappel à l'armée des hommes en congé renouvelable, en 1859. Nos soldats, après avoir travaillé quelques jours comprendront que leurs efforts leur épargneront bien des fatigues, bien des gardes de nuit et de jour. Le général pourra faire la guerre avec moins de cavalerie, mieux dissimuler ses desseins, puisqu'il pourra à volonté fermer toutes les portes du camp; il évitera les enlèvements des postes détachés ou d'une partie de son armée. La Kabylie semble désormais soumise parce qu'au lieu d'y faire des excursions par des sentiers étroits, souvent inconnus, qui ne laissaient qu'une retraite fort difficile aux convois, fort dangereux pour nos soldats, M. le maréchal Randon y fit construire le fort Napoléon et de bonnes routes pour le mettre en communication avec les points déjà occupés. De grands camps en terre bien retranchés, bien situés, se reliant entr'eux et avec nos premiers établissements, auraient certainement assuré depuis longtemps la soumission de ce pays, si l'on avait eu la ferme et unique volonté de peser sur ses habitants une année entière, par le nombre des bayonnettes et non par le pillage et l'incendie des villages, des récoltes, des forêts, qui ne laissent souvent pas aux vainqueurs les sources d'eau nécessaires, que les ardeurs du soleil dessèchent par suite du défaut d'ombrage.

Nous terminerons la description des avantages résultant des camps retranchés, placés d'après ces conditions, en ajoutant qu'ils sont des relais et des points d'appui pour une armée envahissante; aussi, après la bataille d'Iéna, Napoléon confia-t-il au général Chasseloup le soin de fortifier Erfurt et d'édifier un camp presque romain à Wittemberg, au moyen d'immenses palissades, où il créa un vaste dépôt de vivres et de ressources de toutes espèces. Enfin, sous la protection de ces camps, le général en chef, auquel incombe toujours une lourde tâche, a le temps de se recueillir et de prendre un parti soit pour attaquer, soit pour se défendre, s'éloigner ou enfin attendre soit les fautes d'un ennemi impatient, comme firent César et Cromwell, soit les ordres et mouvements résultant d'événements inattendus qui peuvent déterminer la résolution à laquelle il doit s'arrêter. Ce fut aux lignes créées à Sébastopol qu'on dut de pouvoir attendre le retour de jours moins rigoureux, l'arrivée de nouvelles troupes, enfin l'adoption d'un projet d'attaque qui fixa l'irrésolution des alliés.

DE LA FORME ET DU TRACÉ DES CAMPS RETRANCHÉS.

La forme des camps retranchés en pays de plaine ou de montagnes ne saurait être déterminée; elle est soumise aux défilés, cours d'eau, ravins, routes, à la nature du sol, etc., qui peuvent favoriser sa défense. Toutefois, dans un pays tout-à-fait plat, où le camp serait également accessible sur toutes les faces, ce qui serait le cas le plus désavantageux, on pourra adopter soit le carré, soit le carré long, en observant de n'y conserver que l'espace nécessaire aux troupes et aux renforts qu'on pourrait recevoir ; de cette manière on aura moins d'espace à border de défenseurs et de lignes à garder. Lorsqu'on campe sur une seule ligne le front de bandière se place généralement à 20 mètres de la crète du retranchement si l'on n'a qu'un bataillon de 600 ou 800 hommes. Cette distance, destinée à former tout autour du camp une vaste place d'armes, augmente jusqu'à 100 mètres si l'on a de 15 à 20 mille hommes compris la réserve et la cavalerie, et peut être portée à 2 et 300 mètres; le chiffre de 300 mètres serait relatif à une armée de 50,000 hommes environ; une plus grande distance dans chaque cas éloignerait trop les défenseurs des parapets à défendre surtout dans une surprise de nuit. Lorsque l'armée campera sur deux lignes, la deuxième ligne sera distante d'environ 200 mètres de la première afin d'avoir en avant une place d'armes; lorsque l'ennemi a enfoncé la première il lui reste encore à parcourir cet espace avant d'arriver à la deuxième, qui a ainsi plus de temps pour se rassembler et pour l'accabler de ses feux pendant qu'il le parcourt. Le camp étant supposé régulier, on ne lui donnera que deux issues, s'il contient moins de

2,500 hommes, les plaçant en face de la rue centrale; au-dessus de ce chiffre et jusqu'à 15 à 20 mille hommes, quatre issues placées sur les quatre faces du carré semblent suffisantes; on les couvrira par de petits redans de 40 à 50 mètres.

On ne peut rien fixer à ce sujet pour le tracé des camps irréguliers. Il semble préférable de fermer les issues par des ponts de pilot; le tablier serait formé de madriers et brêlé avec des cordes; on le ferait précéder de chevaux de frise, de sorte qu'en coupant les cordes la communication serait rapidement interrompue. Bien que souvent on ait très-peu de temps avant l'attaque, si l'armée n'a pas pu se retirer dans un des camps permanents préparés à l'avance, il sera toujours très-important de faire commencer les retranchements; car le parapet des lignes du camp ou des ouvrages détachés, n'ayant qu'un mètre même de hauteur, donnerait déjà un grand avantage aux défenseurs dont la moitié du corps seulement serait exposée.

Les camps retranchés doivent satisfaire dans leur tracé à la double condition, de pouvoir contenir le nombre de défenseurs pour lesquels ils ont été construits et de permettre à une faible réserve de s'y maintenir pour y veiller à la garde du matériel, des bagages et de la position qui lui sont confiés. Pour atteindre ce but, le tracé doit pouvoir participer des avantages que présentent les lignes à intervalles et les lignes continues. Les lignes continues ont l'avantage de masquer à l'ennemi les mouvements de l'intérieur du camp, de le laisser dans le doute sur le nombre et l'espèce de troupes qui peuvent l'occuper, de faciliter à une garnison relativement très-faible les moyens de se défendre énergiquement. Les lignes à intervalles permettent à des troupes nombreuses ou bien aguerries, bien qu'inférieures à l'ennemi, d'exécuter rapidement et facilement les manœuvres nécessaires pour le charger lorsque, déjà mis en désordre par les feux des défenseurs, il veut pénétrer par les intervalles et monter à l'assaut ; mais elles ont l'inconvénient de laisser les troupes rangées en bataille derrière les intervalles sans abri et par suite exposées à l'artillerie ennemie, si dangereuse aujourd'hui. Il semble facile de nous procurer les avantages de chacune de ces lignes quand on commande à nos soldats habitués au travail ; sont-ils nombreux ? nous créons sur la position des lignes à intervalles où nous attendons le moment favorable d'attaquer ou repousser l'ennemi ; doivent-ils au contraire quitter le camp et y laisser peu de troupes ? on fera compléter en vingt-quatre ou quarante-huit heures ces lignes à intervalles. On peut assez compter sur leur bonne volonté pour exécuter cette transformation dont leur intelligence appréciera immédiatement la valeur. A leur retour, s'il y a lieu, les troupes rétabliront les lignes à intervalles en comblant les fossés, et ce travail, en les occupant, entretiendra leur activité. On peut objecter que le camp ainsi transformé sera certainement trop étendu pour être défendu par un petit nombre de soldats ; mais rien ne s'oppose à ce qu'ils ne puissent se retrancher dans une partie de ces lignes où l'on aura déposé les bagages et le matériel. On peut aussi, la ligne continue étant rétablie, les enfermer dans une deuxième enceinte qui serait en quelque sorte le réduit du camp. Cette facilité de transformation bien peu onéreuse en argent et en labeur présente de grands avantages, car l'art défensif comme la tactique ne peut avoir rien d'absolu ; il est subordonné, ainsi que l'histoire nous l'a démontré dans toutes nos guerres, aux temps, aux lieux, au terrain, aux saisons, aux troupes qu'on commande, à leur élan, à leur abattement, aussi bien qu'au nombre, à l'ardeur ou à la pusillanimité des troupes assaillantes.

On ne peut pas fixer en principe le genre de lignes qui doit être préféré ; mais on devra adopter selon les lieux le tracé qui se plie le mieux au terrain. Vauban, dont l'expérience des siéges et de la guerre est reconnue de tous, préfère presque toujours les lignes à redans, tombées en défaveur de nos jours, et qui furent, dans la théorie plus encore que dans la pratique, remplacées par des lignes bastionnées. Les premières cependant, comme le font observer Cormontaingne et Bousmard, ont de grands avantages, car elles restreignent les points d'attaque aux saillants où se trouvent, il est vrai, de grands secteurs privés de feux; mais l'ennemi ne peut lancer des colonnes en avant des courtines où il essuierait des feux croisés, et l'on pourra remédier à l'inconvénient des secteurs en augmentant le nombre des défenseurs dans les saillants, supposés attaquables, en multipliant les défenses accessoires et en les plaçant aux points les plus favorables à l'assaut. Les fossés ne sont flanqués que très-imparfaitement par des coups très-obliques; le bord des contrescarpes n'est battu que par des feux directs; mais ce défaut est moins grave que ceux qu'on rencontrerait dans tout autre tracé de fortification passagère qui ne peut et ne doit avoir que peu de relief. Ce tracé présente le moins de développement, par suite est plus rapidement exécuté, exige moins de défenseurs que tous autres en exceptant le tracé en ligne droite; en outre il diminue beaucoup moins l'intérieur du camp puisqu'il exige moins de profondeur; enfin son tracé et sa construction, soit pendant la nuit, soit devant l'ennemi, sont d'une grande simplicité et par suite il paraît se prêter plus facilement que tout autre, à cause de cette simplicité même, aux transformations successives qu'il est destiné à subir selon toutes probabilités. C'est donc ce tracé qui généralement doit être adopté quand le terrain le permettra. Comme il importe beaucoup que la partie qui regarde l'ennemi ne puisse être tournée, et qu'on ne puisse forcer le camp, il paraît de toute nécessité de construire, à défaut d'obstacles naturels aux ailes, de grandes redoutes en terre, et d'y placer des forts ou les bâtiments en maçonnerie, défensifs et nécessaires à ces camps quand ils devront être permanents.

Lorsque dans la construction des camps passagers on craindra une attaque immédiate il faudra d'abord adopter le tracé en ligne droite; on construira ensuite, si l'on a le temps, les redans ou ouvrages et défenses accessoires.

Le profil à adopter pour les retranchements passagers est subordonné au temps dont on peut disposer, à l'artillerie qu'on suppose à l'ennemi, au degré de résistance dont on veut rendre le camp susceptible, au nombre d'hommes, d'outils, etc.

Si ce camp doit être permanent, comme pourrait et devrait être celui de Châlons, le profil devra être plus fort à cause des injures du temps, de l'importance du point à défendre, et de sa solidarité de résistance par rapport à ceux qui l'entourent. On ne peut donc rien préciser.

DÉFENSE DES CAMPS RETRANCHÉS ET NOMBRE DES DÉFENSEURS.

Le tracé du camp étant donné il sera toujours facile de calculer le nombre des défenseurs en multipliant par 2, 3, 4, 5 ou 6 le développement des crêtes selon le degré de résistance que pourra exiger chaque côté; en ajoutant à ce nombre les 3/5 ou les 2/3 pour la réserve on aura le chiffre de l'infanterie sur une face d'un accès facile; si une face est d'un accès plus difficile, on pourra ne mettre que quatre hommes par file espacés de 2 en 2 mètres et de 2 hommes en réserve; si une face est presque inaccessible, 2 hommes par file espacés de même et un homme en réserve suffiront; enfin, des sentinelles placées de 10 à 15 mètres l'une de l'autre, veilleront sur les cours d'eau ou côtés réputés tout à fait inaccessibles. La cavalerie si l'on est en plaine se calculera à raison du quart de l'infanterie et du sixième en pays de montagnes; l'artillerie se calculera à raison d'une pièce par mille hommes et d'une autre en réserve; le génie sera généralement le vingtième de l'infanterie.

Lorsqu'on prévoira l'attaque des camps retranchés, il faudra bien assigner à chacun son rôle dans la défense et donner des ordres bien précis en cas de succès ou de retraite, afin d'ôter tout prétexte à de fausses interprétations volontaires ou involontaires. Le camp étant sous une place, on y fera rentrer les gros bagages et impédimenta de tous genres; si le camp est abandonné à lui-même, on les enverra en lieu sûr, s'il s'en trouve aux environs, si non on les fera ranger ainsi que toutes les voitures, de manière à former un second retranchement en arrière. On bordera le parapet de deux lignes d'infanterie : la première, le long du parapet, les défenseurs placés à 2 mètres ou 1 mètre 50 l'un de l'autre suivant le degré de résistance qu'on voudra obtenir ; ainsi sur une face de 100 mètres, gravement exposé aux attaques, nous pouvons mettre des files de cinq hommes espacées de 2 mètres entr'elles, ce qui ferait 250 hommes et 3 en réserve en deuxième ligne, ce qui donnerait 150; en tout 400 hommes, nombre correspondant au chiffre 4 donné plus haut; en les espaçant de 1 mètre 50, on trouverait 620, nombre qui correspond sensiblement au chiffre 6 par lequel il faut multiplier le développement d'une face.

Lorsqu'on aura de la cavalerie on devra lui faire construire des épaulements, derrière lesquels elle se tiendra et attendra le moment favorable pour poursuivre l'ennemi.

Afin d'éviter les surprises de nuit, on tiendra de distance en distance de grands feux préparés à l'avance, composés de matières inflammables, qu'on allumera aussitôt l'apparition de l'ennemi; le point d'attaque sera ainsi connu de tout le camp et la lumière qui en résultera permettra aux défenseurs de se distinguer entr'eux. On fera repousser de front les assaillants tandis que d'autres troupes de réserve, se glissant le long du parapet, viendront prendre de flanc cette colonne d'assaut. Si les assaillants non rebutés se succèdent en masse, elle devra reculer jusqu'à la deuxième ligne derrière laquelle elle se reformera, tandis que celle-ci aidée de la cavalerie sur les ailes, s'efforcera de culbuter les assaillants. Si cette deuxième ligne est également renversée, toutes les troupes se retireront alors dans le meilleur ordre possible derrière les voitures et bagages où des tirailleurs, si l'on ne peut s'y maintenir, s'efforceront par un feu meurtrier d'arrêter l'irruption; enfin la retraite se faisant entendre, on devra la protéger au moyen de l'arrière-garde et de la cavalerie et on se retirera soit sous le canon de la place, soit dans une position avantageuse, bien connue d'avance et qu'on s'empressera de fortifier aussitôt, ainsi que fit le duc de Parme, afin d'y pouvoir rallier les fuyards, blessés, bagages, etc., et de pouvoir, le lendemain, si l'on n'est pas en mesure de résister plus longtemps, obtenir de l'incertitude de l'ennemi sur les moyens qu'on a encore à sa disposition une capitulation honorable; on pourrait ainsi effectuer une retraite complète de nuit ou de jour comme le général Mercy devant le prince de Condé.

Il y a longtemps que le maréchal de Châtillon a dit qu'une armée est un monstre qu'il faut toujours commencer à former par le ventre et penser à nourrir avant de songer à le faire travailler; aussi la première condition dans la création d'un camp est de s'assurer que l'air y est sain, que l'eau y est de bonne qualité et en suffisante quantité, et qu'un assiégeant ne peut la couper; on doit donc dans le cas d'une invasion ou d'un débarquement en pays ennemi s'assurer qu'on en trouvera au point choisi pour camper ou pour combattre; sur notre propre territoire, les puits, fontaines, sources, doivent être recherchés et bien entretenus par des travaux de maçonnerie. Dans les camps permanents où l'on doit réunir des troupes une partie de l'année ou par suite de circonstances éventuelles, une manutention, un hôpital, des magasins de farine, des magasins à fourrages, plusieurs magasins à poudre doivent être construits. Tous les bâtiments doivent être voûtés et situés de telle sorte qu'ils puissent se protéger eux-mêmes, et par leur situation et leur forme contribuer à la défense du camp ou de ses issues, enfin se flanquer réciproquement si c'est possible. De petits chemins de fer, ou des voies à l'américaine établies sur des routes macadamisées, doivent relier tous les points principaux afin de faciliter, ainsi que le firent les Anglais en Crimée, l'arrivée des vivres, des munitions et les relations des diverses parties du camp, dont le sol sera quelquefois tellement détrempé par les pluies que la circulation y sera plus que difficile. Des télégraphes électriques souterrains, à l'abri ainsi de tout accident et des projectiles, doivent aussi mettre en communication les points principaux ; on pourra de cette manière plus facilement parer aux surprises et agir de toutes les parties avec l'ensemble nécessaire à toute défense. Des abreuvoirs en pierre ou au moins en bois devront aussi y être créés afin de faciliter le service de la cavalerie et ménager les eaux. Tous les ouvrages nécessaires au prompt écoulement de l'eau doivent être exécutés dès le principe. Des latrines pour les officiers et soldats, en maçonnerie, sont aussi nécessaires pour la salubrité du camp et pourront fournir, ainsi que le fumier des chevaux, des engrais d'un prix inestimable dans les terrains ingrats. Enfin des plantations d'arbres et de haies vives à l'extérieur ou à l'intérieur du camp, en procurant aux troupes des lieux de repos, constitueront aussi des moyens de défense, à un jour donné, des plus essentiels pour leurs travaux militaires.

DE L'EMPLACEMENT DES CAMPS RETRANCHÉS.

Doit-on les placer sur la frontière, ou à quelque distance, ou au cœur du pays? Dans cette dernière supposition on couvrirait la capitale dans certains cas, mais on laisserait les extrémités exposées aux coups de l'ennemi pendant longtemps peut-être. Situés sur les frontières, ils peuvent être enlevés et devenir de vastes bases d'opération contre nous-mêmes. Dans le cas seulement d'une guerre offensive ils y seraient bien placés, parce qu'ils nous mettraient plus à portée du pays ennemi; alors leur position semble devoir être sous les places fortes. Mais il semble qu'ils doivent être surtout des points d'observation d'où l'on peut épier tous les mouvements de l'ennemi et déjouer toutes les surprises. S'ils sont précédés d'une grande étendue de terrains, incultes ou marécageux, coupés de bois, ravins, montagnes, il est vraisemblable que l'ennemi hésitera à les attaquer, n'osant pas s'exposer à un désastre en cas de retraite; si cependant il s'y aventure, ou s'il peut y être habilement attiré, malgré la protection de nos places fortes et les secours des premiers corps partis des camps, le pays ravagé éprouvera moins de pertes et nous aurons plus de temps pour nous préparer à défendre les parties fertiles et populeuses; l'ennemi, au contraire, en supposant qu'il ait eu de premiers succès, sera déjà affaibli par sa victoire même et les pertes qu'il aura dû éprouver pour se frayer un passage. En outre, placés ainsi à une certaine distance des frontières, ils sont moins éloignés, en France au moins, du cœur du pays d'où partent tous les ordres, toutes les ressources principales. Les communications qui doivent les relier entr'eux et nos places fortes sont mieux protégées contre les tentatives étrangères et ils sont une menace constante sur les flancs de l'ennemi tant que ces communications ne seront pas détruites. Mais, comme autrefois, doivent-ils défendre les cols, nœuds de routes, cours d'eau, etc., ou sont-ce nos grandes artères de communication rapide? Si l'on admet que les travaux d'art si importants sont trop multipliés pour pouvoir être protégés efficacement, il faut les abandonner à leur propre sort et renforcer le premier système trop incomplet aujourd'hui; si l'on veut à la fois sauver de la ruine les points des chemins de fer les plus nécessaires et les plus exposés aux coups de l'ennemi et fermer, si c'est possible aussi, les trouées existantes, il faut chercher à transformer les digues, remblais ou déblais, qui ont été élevés pour leur construction, en lignes défensives, les renforcer par de nouveaux ouvrages et établir les camps aux emplacements que ces nouveaux centres et les nouveaux points de passage probable de l'ennemi peuvent nous imposer d'une manière absolue. Cette question trop étendue ne saurait être traitée dans cette étude.

EMPLACEMENTS DU COTÉ DE MER EN FRANCE.

Les excursions des anglais sur nos côtes, les conquêtes qu'ils ont faites autrefois dans notre pays, démontrent ce que nous pourrions avoir à redouter à un jour donné de nos voisins et des troupes que leur or et l'espoir du pillage pourraient leur donner pour alliés. La question maritime, en effet, a fait de grands progrès sous le rapport des embarquements et débarquements ; car nous ne pouvons pas encore oublier que les flottes alliées débarquèrent en Crimée le 14 septembre au matin, et que le soir il y avait sur le sol russe trois divisions françaises avec 59 bouches à feu attelées et deux divisions anglaises ; si le temps n'avait pas été contraire, le 15, les français auraient pu débarquer tout leur matériel.

D'un autre côté, notre littoral, dont les points principaux sont reliés entr'eux par des télégraphes et le seront très-prochainement par des câbles sous-marins, peut, en outre, être rattaché par les mêmes moyens et par les chemins de fer aux chefs-lieux de l'intérieur.

Un débarquement anglais, suivi dans ces conditions de quelques succès, paraît donc encore avoir très-peu de chances de réussir si ces moyens de communication ne sont pas interrompus; mais il n'en serait plus de même si ce mouvement se combinait avec des attaques sérieuses sur nos frontières de l'Est; il pourrait peut-être former une diversion puissante, au moins pendant quelque temps si nous éprouvions des revers de ce côté et si notre marine, succombant sous le nombre des bâtiments ennemis, laissait le passage libre.

Les villes telles que Bordeaux, Nantes, Rouen, etc., qui communiquent à la mer par une grande rivière, sont peu exposées aux ravages d'une descente; car une armée de débarquement, qui ne serait pas soutenue par un parti ami, ainsi que nous le fûmes autrefois par les Gallois et les Irlandais dans nos descentes en Angleterre, n'osera pas perdre de vue ses vaisseaux, qui sont sa seule retraite et dont les batteries forment le seul soutien; elle craindrait d'être coupée ou de ne pas pouvoir regagner à temps la flotte si les vents ou l'approche d'une escadre française la forçaient à abandonner la côte; l'entrée de ces rivières est donc seule à défendre.

Nos ports militaires, en France au moins, (car ceux de l'Algérie, tels que Bougie ne sont pas encore mis en état de défense,) sont protégés par des forts détachés ou des enceintes continues du côté de terre; ce sont donc les anses, rades, plages qui peuvent faciliter un débarquement qu'on doit surveiller. Sur ces points nous avons à redouter des ravages douloureux pour les habitants, ou les germes d'inquiétude, d'effroi même, qu'une flotte suivant le littoral pourrait faire naître sur différentes parties; toutes ces populations réclameront des troupes dont la présence les rassurera d'un côté, et de l'autre, rendra l'ennemi plus circonspect dans ses projets; pour satisfaire l'opinion, on devra établir des camps retranchés en des points déterminés. S'il se trouve sur le littoral des parties couvertes des bords de la mer, ayant des vues sur une anse ou plage de débarquement, elles pourront servir à y masquer des troupes dont l'apparition soudaine pourra faire reculer l'ennemi étonné qui, craignant les embuscades, n'osera peut-être pas se hasarder au loin. Les obstacles si variés de la nature, les moyens et les forces dont on peut disposer indiqueront dans chaque cas l'emplacement qui devra être préféré. Cependant il semble au premier abord que les camps doivent être un peu éloignés du littoral; ils y seront en effet beaucoup moins exposés aux feux de l'artillerie des vaisseaux; les défenseurs attendront l'ennemi avec plus de confiance; au contraire, les soldats débarqués, après avoir parcouru 7 ou 800 mètres, sentiront qu'ils sont beaucoup moins soutenus, qu'ils peuvent être pris de flanc et de front et que la retraite peut leur être coupée ou rendue très-difficile. En l'absence des troupes destinées à protéger les côtes, les maires et préfets feront rassembler dans ces camps, à la hâte, tous les hommes valides qui ont déjà porté les armes ou sont susceptibles de défendre les points menacés; réunis bientôt au noyau des troupes actives que le télégraphe préviendra, ils pourront certainement, si ce n'est repousser l'ennemi, au moins le forcer à une halte qui, ne fût-elle que de quelques jours, de quelques heures, donnera le temps aux troupes éparses de se réunir et d'accourir à leur secours. La résistance de Flessingue, qui succomba en 1809, força les Anglais à une halte à laquelle Anvers dut son salut, et cependant l'expédition était formidable : elle ne comprenait pas moins de 44,000 hommes, 150 bouches à feu, 40 vaisseaux, 30 frégates, 400 transports; Flessingue n'était défendue que par une faible garnison, composée en grande partie d'étrangers, mais qui avait eu le temps d'occuper et d'organiser plusieurs postes au dehors; les Anglais perdirent dix-sept jours, 20,000 hommes par le feu et les maladies et Anvers fut sauvée. En 1814 ils débarquèrent 15,000 hommes dans la Louisiane, et furent arrêtés par 6,000 miliciens mal armés, mais retranchés avec intelligence; l'armée anglaise fut battue deux fois, perdit trois généraux et après une quinzaine de jours se réembarqua la nuit, abandonnant ses blessés, plusieurs pièces d'artillerie et plusieurs embarcations remplies de soldats. Pouvons-nous donc ne pas attendre au moins les mêmes résultats d'un corps d'armée homogène, de nos pêcheurs, de nos gardes nationaux ou volontaires? Cette défense serait surtout beaucoup augmentée si des cavaliers, placés en vedette volante sur le littoral, pouvaient se mettre en communication immédiate avec le télégraphe et signaler de tous les points l'arrivée d'une flotte ennemie. La défense pourrait alors s'organiser rapidement et laisser à peine à l'ennemi la possibilité de tenter un débarquement.

Des camps retranchés, composés de corps mobiles toujours prêts à marcher, peuvent être placés entre nos ports principaux, ainsi que l'avait fait Napoléon en 1806; voulant garder les côtes de France depuis la Normandie jusqu'à la Bretagne, il avait formé un camp volant à Ponthivy, composé de 2,400 grenadiers et voltigeurs; toutefois il paraît nécessaire d'augmenter ce chiffre et le nombre de ces camps en raison des nouvelles facilités que peut donner la vapeur pour le débarquement et le réembarquement des troupes. On pourrait placer un camp, composé d'une division, d'une brigade ou d'un régiment, entre Dunkerque et le Hâvre, à Abbeville; entre le Hâvre et Cherbourg, à Caen; entre Cherbourg et Saint-Malo, à Dinan, par exemple, nœud de plusieurs routes; entre Brest et Nantes, vers Vannes; entre Nantes et Bordeaux, près La Rochelle, Rochefort ou Saint-Jean-d'Angély, enfin vers Mont-de-Marsan. Les points du littoral où les débarquements peuvent se faire et les stations des chemins de fer, qui peuvent faciliter les communications vers ces divers lieux, désigneront complétement les emplacements qui doivent être choisis. Vingt mille hommes répartis ainsi en des points bien situés pour y asseoir des camps fortifiés, pouvant communiquer entr'eux, semblent devoir rassurer nos populations maritimes dont le concours intéressé dans des circonstances difficiles secondera puissamment la défense.

Nos côtes d'Antibes à Toulon et Marseille, protégées par des fortifications, des batteries, des forts aux îles d'Hyères, Sainte-Marguerite, etc., etc., semblent à l'abri d'un coup de main qui ne pourrait être tenté que par une grande puissance maritime telle que l'Angleterre; en portant une forte escadre dans la Méditerranée, croisant entre Gibraltar et Malte elle tiendrait en échec le littoral de France et d'Algérie, arrêtant entre ces deux points si importants tous les navires qui chercheraient à rentrer dans nos ports principaux du Sud. Les chemins de fer, qui relient ces côtes avec les points de l'intérieur, permettent de dégarnir ces derniers de troupes qu'une dépêche télégraphique pourrait y faire revenir rapidement; on pourrait donc facilement établir un camp retranché ou de surveillance dans une position à peu près centrale, telle que Brignolles, nœud de plusieurs routes. De Marseille à Cette, la position d'Arles paraît devoir être préférée; enfin un camp à Béziers, appuyé à l'Hérault, à Narbonne, à Perpignan et Montpellier, défendu en avant par le canal du Midi, qui l'approvisionnerait conjointement avec le chemin de fer, complèterait le système défensif de la frontière maritime; elle serait en outre protégée aujourd'hui, de Boulogne à Brest, Bordeaux, Cette et Marseille, par le télégraphe électrique, qui ferait connaître les mouvements d'une flotte de la Manche ou de l'Océan vers la Méditerranée. Toute cette partie n'exigerait pas un supplément de forces; il suffirait, comme nous l'avons déjà dit, de rapprocher momentanément du littoral les garnisons placées à l'intérieur.

EMPLACEMENTS DES CAMPS DU COTÉ DE TERRE EN FRANCE.

Jusqu'à ce jour on s'est occupé, en France, dans la construction des chemins de fer, à vaincre les difficultés de la nature, à faire vivre en temps de paix ces voies nouvelles, sans qu'elles fussent onéreuses à l'Etat, à accroître la prospérité commerciale, à faciliter le transport des hommes et des choses; mais la considération du cas de guerre n'a pu être que secondaire; aussi, au moment du danger, sans doute, une lourde tâche semble devoir se présenter encore à l'armée; car on ne peut encore avoir oublié les terreurs des compagnies aux époques encore si rapprochées de nos dissentions intestines. Que sera-ce donc alors que l'étranger, foulant le sol français, ne pourra, même s'il est mû par les sentiments les plus philanthropiques, arrêter la destruction d'une soldatesque, dont le pillage sera peut-être la seule paie, et qui, exaltée par la souffrance, le souvenir de dangers encore récents, ne connaîtra plus aucun frein pendant des heures entières ? Quelque soit le mobile des hommes dans ces circonstances funestes, le résultat est le même; des plaines couvertes de débris, d'édifices en ruines qui attestent la grandeur des plus vastes cités, dénotent la puissance de destruction des hordes, qui ont fait retomber autrefois la civilisation dans le néant, en faisant disparaître les peuples qui étaient des foyers de lumières. Peut-être un jour aussi, ces éléments de prospérité rapide qui ont facilité les relations des nouvelles générations, qui leur ont permis de mieux se connaître, de mieux apprécier leurs défauts et leurs qualités, les ressources de leur climat, de leur sol, les vices inhérents à leur organisation sociale, amèneront-ils des bouleversements, de ces catastrophes terribles que l'histoire du passé cependant doit nous faire envisager à leur juste point de vue. Dans ces moments critiques on sentira partout la nécessité d'élever rapidement des camps retranchés dont les traces, passant d'âge en âge, comme les vestiges de celui d'Attila, feront rêver le voyageur qui erra parmi les ruines de Rome, de Carthage ou d'Athènes, sur le sort réservé à sa propre patrie.

Notre frontière du côté de l'Espagne, notre alliée naturelle, défendue en grande partie par les Pyrénées, ne doit pas donner lieu à des rassemblements de troupes; cependant, si contre toute attente ils y devenaient nécessaires, Tarbes ou peut-être Saint-Gaudens, embranchements de plusieurs routes, ayant Toulouse pour base d'opération en arrière, Bayonne et Perpignan aux deux ailes, seraient des points favorables à l'établissement d'une ligne défensive. La Garonne formerait une deuxième ligne qui ne serait vraisemblablement pas franchie.

La frontière, depuis Antibes jusqu'à Chambéry, est protégée aujourd'hui par l'alliance Sarde, à droite par la mer, à gauche par la Suisse ; cette partie n'a rien à redouter de l'avenir ; cependant, la défense des passages principaux doit être étudiée. Le chemin de Nice, les cols de Tende et de l'Argentière qui conduisent dans la vallée de Barcelonnette, le col de la Croix qui mène à la vallée de Queiras devront être surveillés. Les montagnes qui bordent le Var, les neiges dont elles sont couvertes dans l'arrière saison, les forts que nous y possédons constituent des obstacles redoutables pour l'ennemi s'il était forcé de les franchir en battant en retraite, et limitent le temps de ses opérations. Le Var, la Durance, l'Isère, forment trois lignes de défense sérieuses. L'ennemi est-il parvenu à se porter en avant de la première ? On se retirera derrière la Durance, appuyant sa gauche à Briançon et Mont-Dauphin, sa droite à Marseille ayant au centre Sisteron et Gap comme dépôts d'approvisionnements des villes d'Avignon et de

Grenoble. Entre la Durance et l'Isère il y a une grande étendue de terrain à protéger ; mais Lyon et Grenoble permettent aujourd'hui de grands rassemblements de troupes dont le transport devient très-facile par les chemins de fer. Grenoble et Briançon s'opposeront à l'ennemi réuni à Suze et descendant par la vallée d'Oulx ou celle de Pragelas et le mont Genèvre ; enfin, la première de ces villes surveille aussi le passage des Échelles.

De Chambéry à Bâle, le mont Jura, le Doubs, la Saône, l'Ain, le Rhône, les places de Lyon, Châlons, Besançon, Belfort, Langres, les Rousses, les forts situés en avant qui gardent les passages par la Suisse, semblent nous protéger suffisamment. Toutefois entre ces points extrêmes la position de Châlons-sur-Saône ou de Dijon, nœud de plusieurs routes ayant l'avant-garde à Auxonne, offrirait de grands avantages si l'on y formait un point de réunion pour un corps d'éclaireurs ou de réserve. La position de Dôle sur le Doubs, le canal du Rhône au Rhin, la forêt de Chaux, constitueraient au besoin une ligne de défense remarquable que nous devons signaler et facile à relier avec Auxonne, éloignée seulement de 16 kilomètres de Dôle.

De Bâle à Carlsruhe, le Rhin forme une première ligne défendue par Belfort, Neuf-Brisack, Schelestadt, le canal de la Marne au Rhin, Strasbourg, Haguenau, Lauterbourg, les lignes de la Lauter; malheureusement la démolition d'Huningue et la cession de Landau permettent à l'ennemi de tourner cette ligne; nous devrions donc avoir deux corps d'armée à Strasbourg et Belfort pour menacer les flancs de l'ennemi qui tenterait le passage entre ces points; s'il est battu, sa retraite devient fort périlleuse ayant le Rhin à repasser; s'il est victorieux, au contraire, nous nous retirerons derrière la ligne des Vosges et garderons les passages du Balon, d'Orbey, du Bonhomme sur la route de Paris à Colmar, de Sainte-Marie-aux-Mines sur la route de Saint-Dié à Schelestadt et de Villé; enfin, les grandes routes de Strasbourg à Schirmeck, de Belfort et de Saverne. Nancy deviendrait alors l'objectif de l'ennemi; il faudrait donc créer un camp soit sous cette ville, soit à Toul, soit à Lunéville, sur la Meurthe, présentant en avant le canal de la Marne au Rhin et une belle position entre ce canal, les ruisseaux de la Pissotte et de l'Etang, et enfin appuyé sur Langres, point militaire remarquable. Si l'ennemi est arrêté dans l'une de ces positions quelque temps, les troupes de Strasbourg et de Belfort renforcées pourront peut-être lui fermer la retraite ou le couper de sa base d'opération.

De Strasbourg à Metz notre frontière est menacée par suite de la perte de Landau et de Sarrelouis; cette dernière ville est une tête de pont sur la Sarre qui permet à l'ennemi de nous tourner; si nous l'obligeons à repasser de l'autre côté, il peut s'y fortifier et attendre soit que nous forcions la place, soit que nous établissions une ligne d'ouvrages qui protégent les ponts que nous aurions jetés sur ses rives. En regard de ces villes, se trouvent les places de Radstadt, Mayence, Coblentz, un peu plus loin Cologne, points importants dont la défense est renforcée par autant de camps retranchés, pouvant contenir des armées entières que les moyens rapides de communication mettent aux portes de Strasbourg, de Mézières ou de Lille; enfin Wesel, ayant en avant Juliers, Wenlo, Maëstricht, Liége, Namur, Charleroi, Mons, assurent et gardent la ligne de Sambre-et-Meuse. Anvers, dont les fortifications sont décrétées, et qui sera défendue en outre par un vaste camp retranché, complétera cette ceinture au moyen de laquelle on veut entourer et paralyser la France. Anvers fortifiée permet encore à l'Angleterre, menacée, de venir, secondée par une partie du continent, faire une diversion puissante en Belgique. Les villes de Metz et de Strasbourg peuvent-elles aujourd'hui contenir assez de troupes pour résister à l'invasion de l'Est? C'est très-peu probable; leurs garnisons peuvent être, il est vrai, augmentées par les chemins de fer, mais il faut plusieurs jours pour amener ces troupes et les vivres qui leur seront nécessaires; enfin une bataille perdue peut conduire l'ennemi presque sans obstacles jusqu'à Nancy; il semble donc d'absolue nécessité de créer ou de tracer ces camps, soit sous l'une de ces deux places, soit en avant vers Saint-Avold, soit en arrière vers Château-Salins ou Marsal, s'appuyant à Metz, Sarrebourg, Phalsbourg, ayant Nancy ou Toul pour bases d'approvisionnements et d'opération. Cette première ligne abandonnée, on se retirerait derrière la Meurthe, s'appuyant à Toul, Neuf-Brisack, au canal du Rhône au Rhin, soutenu par un corps d'armée mobile, ayant Epinal pour dépôt d'approvisionnements expédiés de Langres; enfin, en dernier lieu, on se défendrait derrière la Meuse, appuyé à Verdun et Langres, ayant Bar-le-Duc en arrière pour dépôt d'approvisionnements, sous la protection enfin du camp de Châlons.

De Metz à Mézières, les obstacles naturels et artificiels sont insuffisants pour assurer une bonne défense; car on peut, en Allemagne, rassembler des troupes soit à Liége, soit à Coblentz, et les diriger vers ces deux points ou sur Luxembourg*, forteresse à laquelle nous ne pouvons sérieusement opposer Longwy, où l'on pourrait cependant établir au besoin un camp ; on pourrait encore se retrancher derrière l'Orne, la droite à Metz et la gauche à Verdun. Mais la véritable défense est derrière la Meuse dont le cours ne peut être protégé efficacement sur toute son étendue par les places de Verdun, de Mézières et Sedan ; il faudrait rétablir la position importante de Stenay, sur la Meuse, qui forcerait l'ennemi à ne plus dédaigner Montmédy comme en 1792 ; s'il parvient à passer cette rivière il ne se jettera certainement pas sur Châlons mais bien du côté de Réthel, pour pénétrer sur Paris par Compiègne ou Reims ; la ligne de l'Aisne n'est défendue que par Soissons, dont les envi-

* On dépense en ce moment à Luxembourg près d'un million pour construire près de la gare du chemin de fer, des ouvrages revêtus, des batteries casematées, etc ; de notre côté, Longwy peut être tournée aujourd'hui, en passant par Virton ou Musson et Tellancourt où l'on rejoint la grande route de Paris.

rons présentent de belles positions militaires appuyées aux forêts de Compiègne et de Villers-Cotterets, et en arrière par Châlons, distant de 80 kilomètres environ de Réthel; il faudrait donc protéger cette dernière ville, ainsi que Vouziers et Sainte-Ménéhould, au moins par des postes bien fortifiés tirant toutes leurs ressources de Châlons et de Reims; enfin les places de La Fère, Laon, Château-Thierry et Nogent-sur-Seine, toutes deux protégées aussi par de nouveaux retranchements en terre, fermeraient tout passage à l'ennemi ou constitueraient de solides points d'appui pour une nouvelle bataille de Montmirail. Toute cette partie de notre frontière serait ainsi bien défendue et les chemins de fer y seraient difficilement coupés en exerçant une active surveillance sur les fleuves, Meurthe, Meuse, Aisne et Marne; la grande difficulté serait donc de ne pas se laisser surprendre par une fausse démonstration sur l'un de ces points. Nous croyons devoir encore ajouter que si l'armée, épuisée par une série de victoires même, devait reculer devant le nombre de ses ennemis, maîtres de Paris par surprise ou par trahison, il faudrait se retirer entre la Seine et l'Yonne et enfin derrière la Loire; un grand camp retranché à Bourges permettrait peut-être alors de reprendre l'offensive, et la surveillance serait d'autant plus facile que nous n'aurions à parcourir que la corde ou le rayon, tandis que l'ennemi devrait suivre l'arc de la circonférence formée par Tours, Orléans, Nevers et Moulins.

La partie entre Mézières et Lille est beaucoup moins favorisée sous le rapport défensif; la nature semble n'avoir pas voulu fixer de limites autres que le Rhin et la Meuse; le chemin de fer belge, partant de Liége et aboutissant à Bruges, est sensiblement parallèle à notre frontière et par suite facilite de grands mouvements sur nos points extrêmes ou sur un point central; les cours d'eau se dirigent vers la frontière même; en outre, par la perte de Philippeville et de Mariembourg, la ligne de la Meuse est tournée; l'ennemi, réuni en force à Namur ou à Mons, peut s'avancer sans crainte entre des places telles que Maubeuge, Avesnes, Rocroi, marcher par La Capelle vers Saint-Quentin, se faire de cette ville, retranchée par lui-même, une base d'opération, avant de s'avancer entre Péronne, Ham, bien peu redoutable, et La Fère, pour traverser l'Oise vers Noyon et aller s'emparer de Compiègne, station importante et bien proche de Paris. Il faudrait donc créer ou tracer un point d'appui à La Capelle, ou mieux sur l'Oise près Hirson et entourer Saint-Quentin de retranchements.

Entre Maubeuge et Lille l'ennemi ne pourra pénétrer que très-difficilement; l'Escaut, la Scarpe, la Sensée, de nombreux canaux, des inondations, les places fortes telles que Lille qu'on ne peut laisser sur ses derrières, Arras, Cambrai, Valenciennes, qui forment un vaste quadrilatère au milieu duquel se trouve la ville encore importante de Douai, défendent énergiquement cette partie de la France; les colonnes ennemies pourraient peut-être s'avancer de Mons, entre Maubeuge et Valenciennes, par Bavay, sur Saint-Quentin; mais Le Quesnoy, et surtout Landrecies, renforcée par quelques ouvrages, doivent les arrêter dans une marche où elles laisseraient Cambrai sur leur flanc droit. Cependant, si contre toute attente, après une bataille décisive, l'ennemi pouvait pénétrer, on se retirerait derrière la Somme; dans cette position Amiens devrait être le point central de la défense qui, partant d'Abbeville, aboutirait à La Fère; Amiens doit donc aussi être préservée par un camp retranché contre toute attaque, venant de ce côté ou du côté d'Abbeville, si notre pays était envahi à la fois par terre et par mer.

Entre Lille et Dunkerque des canaux défendent seuls le territoire, et l'on peut arriver sans trop de difficultés jusqu'à la ligne formée par Gravelines, Saint-Omer, Aire, Saint-Venant, Béthune et Lille; il faudrait donc, en vue surtout d'une attaque ayant lieu en même temps par mer, établir un camp à Saint-Omer ou à Cassel, déjà célèbre par trois batailles;

maître de cette position on pourrait surveiller simultanément le littoral d'Abbeville à Dunkerque et la frontière du Nord; si l'ennemi parvient à percer cette ligne, il faudra se retirer derrière Abbeville, Doullens, Arras et Douai; dans ce dernier cas Doullens devrait encore être entourée de retranchements; enfin, en dernier lieu, on se réfugierait derrière la Somme comme précédemment.

Des camps semblables devront être créés en Algérie principalement sur les points du littoral, les premiers exposés aux ravages de l'ennemi.

Ces lignes de défense, très-étendues, semblent faire entrevoir une longue guerre continentale; elles ne tendent cependant qu'à la prévenir; mais il en est de la défense des États comme de la stabilité des gouvernements et des institutions des peuples; il faut qu'elle reste confiée à des hommes mûris par l'âge, l'expérience de la guerre et de la politique, secondés par la bravoure et le travail incessant de la génération appelée à leur succéder et dans laquelle réside la force toujours progressive de l'esprit humain, qui constitue la prépondérance de certaines nations; cette défense alors, basée sur ces deux éléments réunis, acquiert chaque jour une nouvelle puissance qui garantit l'indépendance de ces États.

La France a pris l'initiative pour les moyens d'attaque qui l'ont rendue victorieuse; ne doit-elle pas inaugurer enfin aussi des moyens de défense, aussi formidables que ceux élevés par les États qui l'entourent avec les impôts dont ils l'écrasèrent autrefois? Ces camps, comme celui projeté à Anvers, protégeront nos frontières, notre littoral et celui de l'Algérie; ils nous permettront peut-être de braver les caprices du sort, et si des circonstances impérieuses l'exigeaient, ils nous faciliteraient aussi toute combinaison offensive.

Ces considérations générales très-succinctes n'ont été émises qu'en vue de soumettre à l'appréciation des hommes compétents la nécessité de créer, de tracer, ou au moins d'indiquer des centres militaires, qui ajoutent à la force de nos places; elles seront peut-être ainsi plus en harmonie avec les nouvelles voies de communication et les découvertes modernes, qui ont si merveilleusement développé l'industrie, perfectionné les moyens d'attaque et sont destinées, en modifiant les relations des peuples et des gouvernements, à bouleverser la face du monde.

FIN.

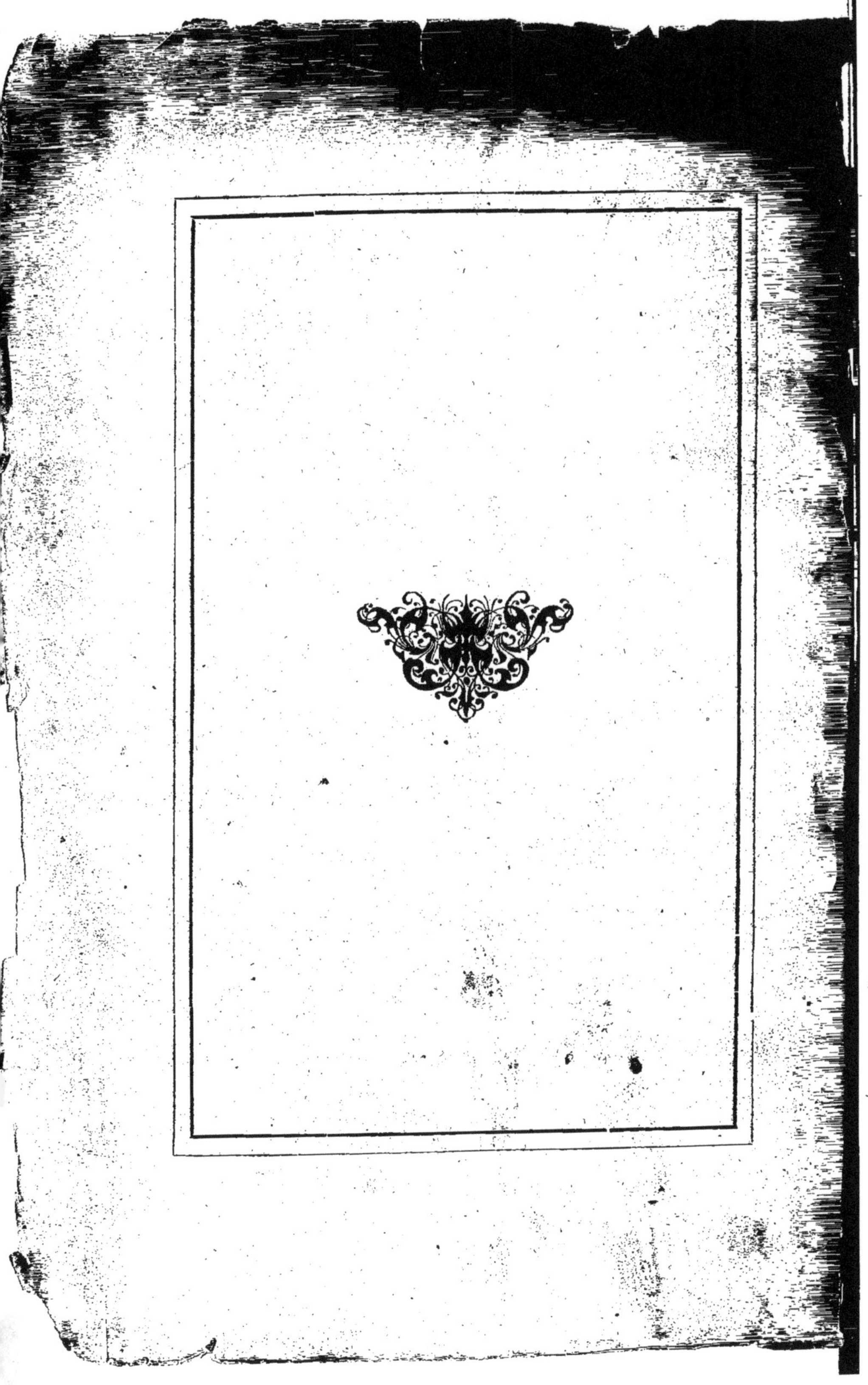

www.ingramcontent.com/pod-product-compliance
Ingram Content Group UK Ltd.
Pitfield, Milton Keynes, MK11 3LW, UK
UKHW020347230726
13925UKWH00003B/1000

9 782019 222345